O BRAZIL É UM PAÍS SÉRIO?

O BRAZIL É UM PAÍS SÉRIO?

DANIEL BUARQUE

1ª edição - Junho 2022

Copyright © Daniel Buarque, 2022

TÍTULO: *O Brazil é um país sério?*

REVISÃO E PREPARAÇÃO   Fernanda Marão

CAPA E DIAGRAMAÇÃO   Flavio Franceschini

Dados internacionais de Catalogação na Publicação (CIP)
(Câmara Brasileirado Livro, SP, Brasil)

Buarque, Daniel
    O Brazil é um país sério? / Daniel Buarque. --
1. ed. -- Santana de Parnaíba, SP : Pioneira
Editorial, 2022.

    ISBN 978-65-87933-04-7

    1. Brasil – Política e governo. 2. Diplomacia
3. Internacionalização 4. Política - Brasil
I. Título.

22-111186   CDD-320.981

Índices para catálogo sistemático:
1. Brasil : Política e governo   320.981
Eliete Marques da Silva - Bibliotecária - CRB-8/9380

⫯IONEIRA

2022
Todos os direitos desta edição reservados à
Pioneira Editorial Ltda.
Estrada do Capuava, 1325 Box M
CEP 06713-630 - Cotia - SP - Brasil
contatoeditorial@pioneiraeditorial.com.br

SUMÁRIO

APRESENTAÇÃO – DOIS PAÍSES..9

INTRODUÇÃO - PENSE EM MIM..11
    Obsessão nacional..12

1 - O BRASIL NÃO É (VISTO COMO) UM PAÍS SÉRIO...............23
    País decorativo...26
    País de diversão, café, futebol e música....................................27
    País da autocrítica contribui pouco...29
    Uma história da controversa descrição.....................................30
    Imagem definida e medida...32
    Estereótipos e relações internacionais.....................................33
    Imagens importam..35
    O que é um 'país sério'?..38

2 - UMA HISTÓRIA DE DESCONHECIMENTO......................42
    Exotismo centenário...44
    Esquecimento metropolitano...46
    Segredos revelados..48

3 - QUERO SER GRANDE...52
    Ambição e frustração...57
    Como um cachorro correndo atrás de um carro.......................58
    Em cima do muro..60
    Um 'zelador' sem poder...62
    Imperialista débil...65
    Batata quente doméstica...66

4 - PARA GRINGO VER 72

'I saw you saying' 72

Obsessão exposta 74

Uma justificativa filosófica 78

5 - VITRINE E ESPELHO 83

Espelho, espelho meu 84

Alimentando clichês 86

A capital da fuga 89

Crise chama a atenção 93

Deu na "Economist" 95

Paixão e desilusão dos jornalistas gringos 98

6 - IMAGEM COM SOTAQUE ESTRANGEIRO 101

O que faz um brasilianista? 102

Polarização exportada 105

7 – DA EUFORIA À DEPRESSÃO 112

O início da queda 113

Gastos, caos e uma imagem manchada 115

Um legado desastroso 117

Imagem resiste em meio a desastres 119

Expectativa de festas e filme queimado 122

Medalha de ouro para os estereótipos 124

Após a festa, o caos 126

Um país rebaixado 128

Holofotes desligados 131

Abandono civilizatório 134

A escolha triste do Brasil 136

Lava a jato e suja imagem 139

A queda consolidada 142

8 - GUERRA DE NARRATIVAS 143

Impeachment é golpe? 145

Desilusão política e tensão social 148

Política disfuncional e instável 153

9 – A CONSTRUÇÃO DE UM PÁRIA 157

Ascensão autoritária 158

Fama de ditador 161

Publicidade não mudará imagem do Brasil 164

Otimismo amoral 166

Imagem em chamas 168

Soberania questionada 171

Protagonista negativo 175

Liderança queimada 176

Pior diplomacia do mundo 178

Diplomacia de combate 181

Símbolos do fracasso 182

Líder dos avestruzes 185

O "doente" da América Latina 188

Pontes derrubadas 190

Diplomacia sem prestígio 192

O pior chanceler 194

Mil dias de caos 197

CONCLUSÃO – QUEM AINDA ACREDITA NO BRASIL? 199

O futuro 202

APRESENTAÇÃO

DOIS PAÍSES

DEZ ANOS SEPARAM DOIS BRASIS DISTINTOS. Quando se pensa na imagem internacional do país, a diferença entre o que o resto do mundo pensava sobre ele em 2010 e em 2020 era tão gritante que ficava difícil acreditar que se tratava da mesma nação.

Este livro fala sobre essa mudança na reputação do Brasil entre o momento em que ele estava "bombando", chamado de "bola da vez", e a decadência vivida enquanto parecia decidido a se tornar um pária internacional. Tudo acompanhado bem de perto por estudos acadêmicos e análises críticas sobre este longo e doloroso desgaste do prestígio nacional.

Vi de perto o auge desta imagem positiva. Em janeiro de 2010, em meio a toda a empolgação externa sobre a aparente ascensão do Brasil, desembarquei em Nova York para um período de seis meses estudando essa percepção internacional sobre o Brasil. Já cobria o assunto em meu trabalho como jornalista há alguns anos e pude aprofundar esta análise. Vivendo nos Estados Unidos, viajei por dez Estados, realizei mais de uma centena de entrevistas e li dezenas de livros, artigos e reportagens sobre o assunto. A conclusão abria um dos capítulos do livro *Brazil, um país do presente*, publicado com base nessa pesquisa: "Os gringos estão eufóricos", dizia o texto.

Aquela obra mostra como o Brasil havia conseguido construir uma percepção externa tão boa. O país parecia consolidar uma imagem de seriedade, rompendo com estereótipos negativos do passado e alcançando a antiga promessa de ser importante e viver no sonhado "futuro".

Publicado pela primeira vez em 2013, entretanto, o livro chegou aos leitores quando o país já parecia não conseguir se segurar com uma reputação tão elogiosa. E toda a derrocada que se seguiria a partir da segunda metade da década também foi vista bem de perto por mim.

Exatamente dez anos depois daquela pesquisa nos Estados Unidos, desembarquei de volta a São Paulo em janeiro de 2020 voltando de um período de dois anos e meio morando em Londres. Fazia doutorado no King's College London, estudando o status do Brasil – a partir de uma abordagem acadêmica mais aprofundada e embasada teoricamente sobre a imagem do país no mundo. A pesquisa era uma continuação do mestrado que havia feito na mesma universidade entre 2013 e 2014. Além dos estudos no King's College London, continuei realizando cobertura jornalística sobre o tema. E por toda a década vi como as mudanças na política e na economia brasileira eram percebidas fora do país. Os estrangeiros foram deixando de lado a euforia do começo do século XXI e assumindo uma postura de desconfiança, preocupação, pena e até mesmo irritação e raiva com o papel exercido pelo Brasil no mundo.

Este livro é uma tentativa de entender como esse processo todo aconteceu. Ele reúne análises sobre o Brasil durante essa década tão marcante de sua história contemporânea, e como os fatos eram refletidos no exterior, alterando a percepção externa do país. Além disso, incorpora muito da pesquisa acadêmica realizada no mesmo período da decadência brasileira, no intuito de entender a relação do país com a sua imagem internacional, o interesse pelo espelho que reflete essa percepção externa e um pouco da história desta interpretação de estrangeiros num prazo mais longo.

A ideia não é fazer um julgamento sobre a situação do Brasil, mas entender essa transformação do prestígio nacional e discutir a imagem do país no exterior. Os textos reunidos aqui não querem julgar o Brasil ou dizer se ele é um país sério ou não. A ideia é apenas mostrar como a reputação mudou, e como esta oscilação na imagem pode tornar difícil acreditar que se trata de uma nação realmente séria.

INTRODUÇÃO

PENSE EM MIM

"Le Brésil n'est pas un pays sérieux."

[O Brasil não é um país sério]

A FAMOSA FRASE ATRIBUÍDA DE FORMA EQUIVOCADA ao ex-presidente francês Charles de Gaulle sobre a falta de seriedade do Brasil se tornou parte da nossa identidade nacional desde pelo menos os anos 1960. Brasileiros repetem a ideia de que o país não é sério como uma crítica ao que acontece no cotidiano e na política nacionais, enquanto nos irritamos e nos frustramos na comparação com outras nações ou quando estrangeiros apontam este problema da nossa frivolidade.

Quando se leva em consideração a oscilação da qualidade da imagem internacional do Brasil nas últimas décadas, passando de "bola da vez" a "pária" mundial, essa questão da seriedade do Brasil fica evidente como um tema central na discussão sobre o prestígio do país no mundo.

Em momentos de maior orgulho e nacionalismo, protestamos contra o que vemos como preconceito externo e exaltamos o quanto somos, sim, sérios. E vimos o Brasil "decolar" no fim da primeira década deste século para confirmar isso. Em situações de frustração com os problemas nacionais, adotamos o lema como forma de resumir o que há de errado no país e por que é tão difícil atingir um nível de desenvolvimento equivalente ao das grandes potências mundiais. E vimos o Brasil afundar em crises para reforçar que não somos mesmo sérios.

Na busca por entender como o Brasil é visto no exterior, a questão da serie-dade se impõe com grande regularidade. Tal qual a ideia de sermos um "país do futuro", tentamos entender a imagem internacional do Brasil e o lugar do país no mundo. E a dúvida sobre o quanto podemos ser reconhecidos global-mente como sérios atores da política internacional acaba pautando o debate nacional em muitas esferas.

A seriedade do Brasil na percepção externa é o leitmotiv deste livro que reú-ne ensaios escritos a partir de artigos acadêmicos, artigos de opinião, análises, crônicas, posts de blog, reportagens e entrevistas sobre a imagem do país no exterior. O material foi produzido em sua maioria entre 2015 e 2021, e também é informado e influenciado pela minha atuação profissional e acadêmica em torno do tema, que vem desde pelo menos 2006. Os textos foram retrabalhados e atualizados para consolidar uma narrativa mais coesa do período em que a reputação do Brasil desabou, além de explorar as raízes do interesse nacional pelo tema e analisar os impactos disso para o país. A coletânea trata de diver-sos aspectos da percepção do Brasil no exterior e permeia a discussão sobre essa possível seriedade do país. Seria o Brasil um país sério?

A pergunta, infelizmente, não tem uma resposta simples. É fácil ver a os-cilação de imagem citada acima. Houve um momento de ascensão em que o Brasil era visto como uma nação cada vez mais séria, mas a sucessão de crises que pioraram sua reputação no mundo voltou a pôr em dúvida essa seriedade.

OBSESSÃO NACIONAL

A constante atenção dada pelos brasileiros à imagem do país no exterior e a oscilação dessa reputação nos últimos anos tornam importante entender não apenas como o país é visto, mas também os mecanismos por trás da cons-trução de prestígio no mundo. Este livro inclui análises sobre a cobertura da imprensa internacional, estudos sobre percepção global, entrevistas com es-pecialistas e análise acadêmica sobre como o Brasil é visto de fora.

O assunto é sempre tratado com importância no país. O movimentado noticiário político do Brasil ao longo da história e seu forte impacto sobre a situação do país fizeram com que quase todos os grandes veículos de comunicação publicassem um tipo de reportagem muito característico na mídia brasileira: aquela cujo título diz que algo "repercute na imprensa internacional".

Uma busca simples por essa expressão no Google em janeiro de 2022 oferecia quase 10 mil resultados, incluindo mais de 1,2 mil reportagens na área de notícias do buscador. Isso sem contar milhares de outras expressões que citam jornais específicos, como o bom e velho "deu no *New York Times*" (14,6 mil resultados) e o que ficou mais famoso mais recentemente "diz *The Economist* (10,4 mil resultados). A busca por "imagem internacional do Brasil" oferecia quase 17 mil respostas.

São milhares de textos traduzindo e comentando o que se fala sobre o Brasil no exterior. É uma cobertura tão ampla, e com uma audiência tão alta, que não seria exagero falar em uma certa obsessão nacional pela imagem do país no exterior.

Outra evidência disso foi percebida durante um evento em Londres sobre a realidade brasileira, pouco antes da Copa de 2014. O objetivo era apresentar o país para quem não o conhecia bem, e foi curioso perceber que metade do público de uma centena de pessoas era formado por brasileiros interessados em saber como o país ia ser abordado pelos palestrantes gringos.

A revista *The Economist* percebeu isso há alguns anos e publicou um texto em que o repórter relata que quase tudo o que ele escreve sobre o Brasil acaba traduzido e comentado na imprensa brasileira. É algo bem particular do Brasil. De acordo com a *The Economist*: "Os brasileiros são extremamente interessados em saber o que o mundo pensa deles, e quase toda semana o que eu escrevo é traduzido para o português, com a adição da frase 'de acordo com a *The Economist* no início de cada parágrafo".

Esse interesse nacional leva a alguns questionamentos importantes tanto na abordagem jornalística quanto na acadêmica. Por que os brasileiros se preocupam tanto com a imagem internacional do país? E qual é de fato a importância dessa reputação do Brasil no exterior?

Além dessas questões, e analisar a discussão sobre a seriedade do Brasil, o livro é marcado pela ideia de movimento e oscilação da imagem internacional do país. Apesar de estudos acadêmicos tradicionalmente indicarem que imagens de países costumam ser estáveis e mudam pouco no curto prazo, o prestígio do Brasil no exterior oscila de forma drástica em prazos curtos. Isso não é uma rejeição da teoria, já que a imagem abordada nos levantamentos com metodologia científica é aquela de frivolidade de que trata o capítulo inicial, a de um país de lazer, esportes e turismo, mas com baixa qualidade para negócios e política. Esta percepção é estável. O que muda com incrível velocidade é a imagem do cotidiano retratada na mídia e vista por observadores externos. É na oscilação da economia e da política do país que balança o prestígio nacional, passando da ascensão à queda junto com as crises e transformações do país.

Isso não é uma defesa de um ou outro governo, mas um reconhecimento que a estabilidade vivida em anos de crescimento e de transição política sem ruptura ajudou a melhorar a reputação do país. Por outro lado, crises econômicas e políticas, bem como a guinada ao extremismo político e as decisões de um governo mais radical afetam negativamente essa percepção externa.

Com esta oscilação da imagem do país, a obra é resultado em parte de uma frustração pessoal e nacional. Em 2010, realizei uma pesquisa profunda sobre a imagem positiva que o Brasil consolidava no mundo. Por conta do ritmo da produção editorial brasileira, entretanto, o livro *Brazil, um país do presente* foi publicado apenas em 2013, quando se desenhava a derrocada do país que antes decolava como um foguete. O livro chegou atrasado à festa do prestígio brasileiro e pegou a reputação do país já em baixa. Do ponto de vista pessoal, foi uma pena perder a chance de discutir (até de forma crítica) a ascensão anterior do país. Do ponto de vista nacional, foi triste o país perder o rumo que vinha construindo e mergulhar numa espiral de destruição da sua imagem no mundo.

Uma nova edição do livro, publicada em 2015, corrigia e atualizava muitos pontos que já indicavam a mudança de rumo do prestígio nacional – e garantia que a obra se mantinha relevante na discussão sobre o status internacional do Brasil. No mesmo 2015, comecei a escrever no portal UOL o blog Brasilianismo, em que tratava quase diariamente sobre temas relacionados à imagem do Brasil. Entre 2015 e 2020, escrevi e publiquei, no UOL, 1.395 posts. Isso significa uma média de 279 posts por ano, 23 textos por mês, quase seis postagens por semana. Ao longo de cinco anos, o blog foi veículo para 660 análises sobre a imagem do Brasil, 160 reportagens sobre estudos acadêmicos a respeito do país e 130 entrevistas (ou menções a grandes entrevistas sobre o Brasil).

O blog trabalhava em cima da ideia de que o Brasil é citado mais de duzentas vezes a cada dia na mídia estrangeira, e que era preciso entender essa imagem do país que é projetada internacionalmente para podermos conhecer o lugar do país no mundo e desenhar estratégias para que ele conquiste mais prestígio. Quase todos os dias, ao longo desses cinco anos, toda publicação estrangeira que mencionava o Brasil foi monitorada, e os principais assuntos viraram tema de análise. Foi assim desde a reeleição de Dilma Rousseff, passando pela maior recessão da história do Brasil, do movimento pelo impeachment, das Olimpíadas do Rio, do afastamento da presidente, do governo de Michel Temer, da crescente polarização política do Brasil, e a polêmica eleição de Jair Bolsonaro – que transformou a imagem internacional do país.

Não era só a atuação jornalística, entretanto, que informava esse material produzido sobre a reputação do país. Em 2015 publiquei em um importante *journal* internacional um artigo acadêmico com base em minha dissertação de mestrado no King's College London, e em 2017 comecei um doutorado na mesma universidade, mais uma vez tratando do status internacional do Brasil. A tese "Curb your enthisiasm, Brazil" (Segura a onda, Brasil) foi defendida com sucesso em janeiro de 2022. Assim, o material acumulado desde a publicação do primeiro livro agora incluía pesquisas, artigos acadêmicos e análises com mais foco em relações internacionais e status do Brasil, que tornam a discussão sobre a imagem do país mais aprofundada e bem embasada.

Este debate está na origem de quase tudo o que penso, pesquiso, analiso, estudo e escrevo sobre a imagem internacional do Brasil desde pelo menos

2006. Naquele ano, uma entrevista com o geógrafo Marcelo Lopes de Souza sobre violência urbana no país tangenciou uma discussão sobre como o "clima de guerra civil" no Rio afetava a imagem do país. Trabalhando no extinto suplemento Mais!, da *Folha de S. Paulo*, era comum editar textos com alusão ao trabalho de brasilianistas, o que sempre tinha bastante destaque e repercussão.

Mas foi só alguns anos depois que essa aparente obsessão do brasileiro por sua imagem começou a se tornar a minha própria obsessão. Depois de publicar várias reportagens com o tal título falando que algo "repercute na imprensa internacional", em outubro de 2009 preparei uma reportagem sobre o estado dos estudos brasileiros no exterior no fim da década. Depois de ouvir sobre este interesse em várias entrevistas com diretores de centros de pesquisas de universidades internacionais, o texto publicado falava que o país estava deixando de lado o exotismo de sua imagem e se tornava referência em universidades dos Estados Unidos. O efeito sobre mim foi além da própria reportagem, e se deu pelo fato de o texto se tornar um dos mais lidos no portal G1 no fim de semana da sua publicação, com mais de cem mil visualizações só no primeiro dia. Ali ficou evidente para mim que o interesse do brasileiro pela imagem do país era real, e merecia maior atenção – o que acabou virando várias outras reportagens, um livro, uma pesquisa de mestrado, outra de doutorado, artigos acadêmicos e este novo livro que narra este processo.

Ao mergulhar em estudos acadêmicos sobre o tema, tentei abordar alguns desses pontos, buscando as origens dessa obsessão nacional. Reclamar que estrangeiros não nos entendem é um esporte nacional. Querer ser reconhecido e elogiado pelo resto do mundo é um sonho brasileiro. Revoltar-se contra o que vemos como críticas desnecessárias parece uma obrigação em todo o país. Como alguém ousa nos criticar?, nos perguntamos.

O assunto também esteve bem presente na discussão nacional no início de 2016, quando um americano publicou uma carta aberta dizendo que os brasileiros eram os culpados pelos problemas do Brasil. Houve pessoas que reclamaram do que chamavam de "complexo de vira-latas" nesse interesse brasileiro por imagem, enquanto outras apontavam que o olhar externo permitia uma análise mais independente, diferente do olhar de quem é brasileiro.

Para a jornalista brasileira Eliane Brum, a busca por explicações na "imprensa estrangeira" para o que acontece no país talvez revele uma certa "nostalgia do colonizador". Haveria uma necessidade em se ver interpretado e explicado por quem nos vê de fora, em vez de os brasileiros criarem sua própria narrativa. A análise de Brum é interessante ao retomar o "complexo de vira-latas" sob uma nova ótica: "Há muitas razões e significados. Mas talvez exista também uma nostalgia do colonizador. Uma demanda de paternidade. Ou de autoridade. Digam vocês, os que sabem, o que acontece aqui. Deem-nos um nome", escreveu em sua coluna no *El País*.

Ambas as interpretações fazem sentido, mas as coisas não têm uma resposta simples e objetiva. A verdade é que, antes mesmo de o Brasil poder ser pensado como um país, já havia esse interesse pela interpretação que se tinha a respeito dele no resto do mundo. Desde o século XIX, antes mesmo da independência do país, é possível encontrar indícios desse foco nacional em prestígio internacional. Uma das expressões mais famosas e repetidas no Brasil, o "para inglês ver", vem dessa relação estranha do brasileiro com a percepção externa sobre o país. Ela se refere à imagem para ser vendida a olhos estrangeiros independentemente da realidade existente no país.

A opinião dos chamados brasilianistas sobre as notícias do país sempre foi considerada importante, e desde o início da consolidação dessa área de pesquisa nos Estados Unidos, sempre se debateu o quanto parcial seria esse olhar externo.

Por mais que não seja uma demonstração perfeita da força internacional, entender a percepção que outros países têm do Brasil é importante porque tudo o que um país quer fazer num mundo atual depende da sua imagem. "Se o país tem uma boa imagem, é mais fácil e barato atrair investimentos, atrair turistas, ajuda, atenção e respeito da opinião pública global, além de valorizar seus produtos e seu povo em todo o planeta", explicou Simon Anholt, consultor britânico que cunhou o termo "nation branding" para se referir a estudos sobre a marca internacional de países.

Sem querer fazer só uma defesa da minha atuação de quase duas décadas, é fácil perceber que a imagem internacional de um país tem, sim, muita importância, e faz sentido se preocupar com o que outras nações pensam a respeito do Brasil. A presença global do Brasil depende do que o resto do mundo pensa sobre o país, e muito do que se pensa sobre o Brasil é formado pela cobertura que a imprensa estrangeira faz a respeito do que acontece aqui. Mais do que isso, a busca por reconhecimento externo tem uma justificativa filosófica baseada na obra de Georg Wilhelm Friedrich Hegel sobre a importância do reconhecimento e se consolida como uma peça importante do jogo político global. Muito depende da imagem, pois o mundo é muito grande, as pessoas não conhecem bem todos os países e baseiam suas opiniões e decisões na imagem genérica que o país tem internacionalmente. O interesse faz sentido, portanto – mas não precisa ser uma obsessão tão grande.

Este livro vai se debruçar sobre todas essas questões e propor uma discussão mais aprofundada sobre o que se pensa a respeito do Brasil no exterior e a importância disso para o país.

O primeiro capítulo abre o livro se debruçando especificamente sobre a questão da seriedade do país. Com base em um artigo acadêmico que publiquei sobre o mesmo tema, ele aponta como a imagem geral do país no resto do mundo, sempre associada a temas frívolos, indica que o Brasil de fato não é visto como uma nação séria. Sua reputação está associada a temas ligados a lazer e diversão, enquanto sua atuação em assuntos sérios não tem um reconhecimento alto entre a população global. Apesar disso, o capítulo, que é baseado em um estudo que analisou dez pesquisas internacionais sobre a imagem do Brasil, leva a um questionamento maior sobre o que significa um país ser sério ou não. Ele indica que o conceito está ligado a um olhar de superioridade de nações desenvolvidas, que reduzem a relevância de países mais pobres e questionam sua cultura, chamando-a menos séria por ser diferente da sua.

No segundo capítulo, "Uma história de desconhecimento", o foco se volta à história da imagem internacional do Brasil, mostrando que a reputação de terra exótica se construiu desde muito cedo, com a chegada dos europeus ao território do país e as primeiras cartas descrevendo este pedaço do "Novo Mundo".

Os dois capítulos seguintes abordam a ambição brasileira por reconhecimento internacional. A busca por prestígio e os motivos que fazem os brasileiros se interessarem tanto pelo que se pensa a respeito do país no exterior são temas dos mais interessantes na pesquisa sobre o seu status no mundo. Entender por que nos importamos tanto com nossa imagem no mundo pautou muito do meu trabalho acadêmico, avaliando a importância de prestígio não só para o Brasil, mas para qualquer nação. O capítulo 3, "Quero ser grande", traça as origens da aspiração do Brasil por status e a sua busca por reconhecimento como uma potência mundial. Enquanto o capítulo 4, "Para gringo ver", aponta como a sociedade brasileira como um todo tem uma característica que lembra o narcisismo em sua busca por admiração do mundo.

O quinto capítulo, "Vitrine e espelho", dá continuidade a essa abordagem ao tratar da importância específica da imprensa internacional nessa construção da imagem do país no mundo. A interpretação do Brasil pela mídia estrangeira atua como um espelho que reflete a imagem do país para ele mesmo e para o resto do mundo, sempre com alguma fidelidade, mas passível de apresentar também distorções.

Em seguida, o capítulo 6, "Imagem com sotaque estrangeiro", volta a abordar interpretações sobre o Brasil no exterior, mas com foco no trabalho dos chamados brasilianistas. O livro *Brazil, um país do presente* já incluía um capítulo sobre a importância de acadêmicos estrangeiros para a formação da ideia de Brasil e da sua sociedade, mas ali o foco era muito nos Estados Unidos e na interpretação que eles faziam da ascensão do Brasil em 2010. Aqui, a intenção era aprofundar o debate sobre o que faz um brasilianista, e como esses acadêmicos acabam por vezes refletindo o que acontece no Brasil.

Os três últimos capítulos se voltam à percepção contemporânea do país e enfocam a transformação da percepção externa do Brasil nos últimos anos. O ponto de partida é o momento em que sua reputação era de um país cada vez mais sério, e se dizia que o país havia chegado ao esperado "futuro", se tornando o" país do presente". O capítulo 7, "Da euforia à depressão", acompanha as crises registradas no país e a rápida desvalorização da sua marca global. O capítulo 8, "Guerra de narrativas", discute a batalha travada no Brasil e fora dele a respeito do impeachment de Dilma Rousseff, momento crítico da imagem do país no exterior. E o último capítulo, "A construção de um pária", enfoca a consolidação da transformação da forma como o Brasil é visto no mundo a partir da eleição de Jair Bolsonaro, que tem uma imagem péssima e levou a uma enorme perda de prestígio para o Brasil. Juntos, os capítulos reforçam a ideia de que o Brasil não vive um momento em que pode ser visto como nação muito séria.

Por fim, a Conclusão do livro levanta questões sobre a perda de credibilidade do Brasil e pergunta se alguém no mundo ainda confia no país. A última seção do livro apresenta o panorama da imagem externa do país no ano em que eleições presidenciais têm o potencial de ditar o rumo da reputação nacional a partir de 2023.

O interesse em todos esses assuntos pautou muito do meu trabalho nos últimos 20 anos. E com certeza não vai faltar conteúdo para continuar analisando a imagem internacional do Brasil no mundo em transformação. O ano de 2021 foi marcado pela transição de poder nos Estados Unidos, o que reorganizou o xadrez da geopolítica. E em 2022 haverá uma nova eleição presidencial após quatro anos de governo de Bolsonaro. O Brasil precisa entender como é visto no resto do planeta a fim de conseguir planejar sua estratégia de política externa e buscar seus interesses da forma mais eficiente. Quando ignora essa percepção externa, o país arrisca interpretar mal o jogo das forças de poder do mundo, e pode acabar perdendo relevância e não conseguindo defender o que é melhor para sua população. Isso ficou claro no começo daquele ano, enquanto o país via o mundo avançar na vacinação da sua população contra a pandemia de Covid-19, mas tinha dificuldades de conseguir imunizantes em parte por falha nas relações com as nações que centralizavam a produção das vacinas.

Nas páginas a seguir, o tom usado é mais jornalístico e ensaístico do que acadêmico. Para facilitar a leitura, evitou-se usar referências e notas de rodapé em excesso. Cada capítulo indica de forma genérica de onde foram retiradas as informações, e é possível ao leitor encontrar mais detalhes nos locais indicados ali. Além disso, por ser uma coletânea baseada em textos já publicados em diferentes veículos de imprensa e publicações acadêmicas, é possível que o leitor ache alguns trechos repetitivos. Eles foram mantidos assim para que seja possível ler cada capítulo de forma separada e individual, sem precisar de uma leitura de trecho anterior para entender o contexto de que trata cada seção.

A discussão sobre a seriedade do Brasil remete a uma famosa frase sobre a honestidade da esposa do imperador romano Júlio César. Assim como a mulher de César precisava não apenas ser honesta, mas também parecer honesta, um país como o Brasil precisa não apenas ser sério, mas também parecer sério. Não basta atuar com seriedade, e é preciso ser visto dessa forma sob a perspectiva externa. Depois da queda da reputação nacional desde 2013, precisamos trabalhar por uma estabilização nacional, pela correção dos rumos da política doméstica e externa, e torcer para que a imagem do país volte a oscilar para alavancar o prestígio nacional. Conhecer esses movimentos pode facilitar o trabalho para evitar futuras perdas de status global.

1

O BRASIL NÃO É
(VISTO COMO)
UM PAÍS SÉRIO[1]

A FOTO DE UMA SAMBISTA DESFILANDO SORRIDENTE durante o carnaval do Rio de Janeiro ilustrou uma reportagem da rede americana *CNN* sobre as nacionalidades "mais legais" do mundo. O Brasil apareceu no topo do ranking publicado duas vezes no site da TV dos Estados Unidos, em 2011 e em 2017. "Sem os brasileiros, não teríamos o samba e o carnaval do Rio, não teríamos a beleza do futebol de Pelé e Ronaldo, não teríamos os biquínis minúsculos e os corpos tonificados da praia de Copacabana", diz a *CNN*, aparentemente resumindo o que o Brasil representa aos olhos do resto do mundo: festa, carnaval, futebol e praia.

Este ranking normalmente seria visto como uma coisa boa para o Brasil, pois mostra que o país tem imagens positivas no resto do mundo. Afinal, a marca de uma nação "descolada" ("cool", em inglês) é uma das mais desejadas nas abordagens de reputações de países, uma das principais formas através das quais nações se colocam no mercado global. Essa percepção parece estar, no entanto, em desacordo com as principais ambições da agenda de política externa brasileira, historicamente ligada ao objetivo de alcançar o prestígio de uma potência global.

Parece haver uma lacuna, portanto, entre as imagens gerais que as populações em todo o mundo têm sobre o Brasil e o papel que o país quer desempenhar internacionalmente e, assim, entre o que ele quer que seja seu prestígio e seu real status global.

---

1   Este capítulo é uma versão traduzida e adaptada do artigo acadêmico "Brazil Is Not (Perceived as) a Serious Country: Exposing Gaps between the External Images and the International Ambitions of the Nation", publicado pela Brasiliana: Journal for Brazilian Studies, volume 8, em 2019.

Essas imagens do Brasil como o país mais legal do mundo tinham tudo para ser muito positivas para o Brasil, mas criam uma interpretação ambivalente da nação. A partir dessa avaliação, o Brasil é sinônimo "apenas" de festas. O carnaval, por exemplo, se apresenta como o maior símbolo do país no resto do mundo, como explica a pesquisadora Rosana Bignami: "Ser o país do carnaval significa não ser o país de mais nada. Significa ser o país da loucura, do frenesi total, da libertação dos sentidos nas massas de populações. Significa se render à imagem de uma população que vive em função disso e que, portanto, não realiza outras atividades".

Ou seja, a descrição frequente atribuída (equivocadamente, como será explicado a seguir) ao ex-presidente francês Charles de Gaulle talvez faça sentido. Independentemente de a nação ser ou não importante e respeitável, o Brasil realmente não é visto como um país sério.

Para o jornalista Larry Rohter, ex-correspondente do *The New York Times* no Brasil, a descrição do país como pouco sério entrou para o folclore político brasileiro como uma espécie de slogan permanente. A frase feriu a autoimagem dos brasileiros e as aspirações do país de desempenhar um papel maior no cenário mundial. "Se tem uma coisa que o Brasil quer mais do que qualquer outra em suas relações com o resto do mundo é ser levado a sério, especialmente pelos países que vê como grandes potências", escreveu.

A ideia da falta de seriedade está presente em diferentes representações da imagem do país no resto do mundo. Desde a chegada dos colonizadores portugueses no século XVI, as imagens do novo território na Europa têm sido de exotismo. Até hoje, a maior parte da literatura sobre imagens nacionais descreve as percepções estrangeiras do Brasil como um país de natureza exótica.

A organização bem-sucedida da Copa do Mundo de 2014 e das Olimpíadas de 2016 no país reforçou esta ideia. Na cobertura da imprensa internacional, os dois eventos foram aclamados como grandes festas globais e mostraram que o Brasil sabe fazer festas, mesmo em meio a problemas internos.

Essas percepções também aparecem nas representações cinematográficas internacionais do Brasil. Os estereótipos sobre o país nos filmes são um excelente local para festas e nada mais. Nunca há menção ao mundo do trabalho em filmes estrangeiros que mencionam o Brasil, o que reforça a ideia de que é apenas um ótimo lugar para se visitar e se divertir. É visto apenas como um ótimo resort à beira-mar.

Os mesmos estereótipos são frequentemente projetados na mídia internacional. Em uma análise do que foi publicado sobre o Brasil em cinco das publicações de imprensa mais influentes do mundo durante a Copa de 2014, confirma-se que o Brasil é visto como um país pouco sério.

Indo um pouco além das projeções das imagens do Brasil e como elas aparecem na cultura, mídia, cinema e turismo, no entanto, é possível ver que essas avaliações também são evidentes nas pesquisas internacionais significativas sobre as imagens externas dos países. Esta percepção está alinhada aos resultados da maioria das pesquisas sobre as percepções sobre Brasil entre a população geral em outros países. De acordo com esses estudos globais, o mundo retrata o Brasil como um país "decorativo, mas não exatamente útil", resume o consultor britânico Simon Anholt, criador do mais respeitado estudo sobre reputação internacional de países. A imagem do Brasil está ligada a atributos leves – praia, futebol, festas. "Todo mundo ama o Brasil, mas o país precisa de mais respeito", explicou o consultor.

A imagem do Brasil como um país que não é sério pode ser percebida em dez desses estudos internacionais diferentes reunidos aqui, todos com metodologias científicas de pesquisa variadas e com resultados estatísticos. Isso se repete a cada ano em novas pesquisas como o Nation Brands Index, o Country RepTrak, Country Brand Report (e CBR América Latina), o Country Brand Index, a Soft Power Survey, o Soft Power 30, o Best Countries, o Good Country Index, o Personality Atlas e até mesmo um estudo realizado por empresas brasileiras, como o "Brasil aos Olhos do Mundo". A cada novo levantamento, o perfil que se desenha da imagem do Brasil é o mesmo, o de um país muito bom para viajar, para atividades de lazer, mas não um lugar muito sério em termos de política e economia. É verdade que talvez as imagens gerais de um país possam não ter tanta influência nos debates políticos reais. A tradição das pesquisas em relações internacionais geralmente é rápida em criticar os levantamentos de imagem e a argumentar que não há provas de que os estereótipos possam afetar o prestígio de um país, que se baseia no trabalho diligente de diplomatas. Contudo, teorias internacionais construtivistas, assim como a literatura sobre percepções e a política internacional, mostram que é essencial entender como as nações pensam umas sobre as outras. Da mesma forma, estudos desenvolvidos sobre estereótipos nacionais na Europa já mostram que diplomatas e políticos também têm muitos dos preconceitos e pensam nos clichês sobre os outros países.

PAÍS DECORATIVO

A imagem do Brasil como um país que não é sério se repete a cada ano em novas pesquisas globais. Essas pesquisas de opinião têm sido realizadas ao longo das últimas décadas por vários institutos e consultorias internacionais. Elas partem do princípio de que a imagem externa dos países do mundo é relevante para os negócios internacionais e para a diplomacia.

A ideia de que o Brasil não é sério aparece claramente, por exemplo, na mais tradicional dessas pesquisas, o Nation Brands Index (NBI). Segundo Anholt, criador da metodologia deste estudo, "o Brasil ainda é considerado atraente, mas não é levado muito a sério pelas populações em geral", explicou em entrevista ao autor.

De acordo com a pesquisa NBI de 2017, um dos anos de referência na análise apresentada aqui, o Brasil era o 25º país mais admirado do mundo (sua pior posição no ranking de cinquenta nações avaliadas desde que o levantamento foi criado). Quando se avalia cada área da imagem do país, fica evidente essa falta de seriedade com que o Brasil é percebido. O país ocupa o 29º lugar em "Exportações", 33º em "Governo", 33º em "Imigração e Investimento", e começa a melhorar em aspectos mais suaves, chegando a 23º em "Pessoas", 19º em "Turismo" e 10º em "Cultura", a categoria em que se sai melhor.

O mesmo tipo de percepção da reputação do Brasil é captado pelo ranking Best Countries. O Brasil apareceu como o número 29 do ranking geral de 2018. Foi o melhor país no quesito "Aventura", mas está entre os mais mal avaliados em "Empreendedorismo", "Cidadania", "Abertura para Negócios" e "Qualidade de Vida".

"O Brasil é um dos principais destinos turísticos do mundo. No entanto, o país enfrenta sérios questionamentos sobre pobreza, desigualdade, governança e meio ambiente", diz o relatório publicado naquele ano, descrevendo a percepção do Brasil com estereótipos. O país é apresentado como um "gigante", um "caldeirão de culturas", um lugar onde as pessoas amam futebol (e vôlei), mas está em constante turbulência política e econômica, em parte por causa da corrupção. O documento também menciona a Amazônia, o carnaval, e argumenta que o Brasil é o país mais "divertido e sexy" do mundo.

Até mesmo na hora de classificar o soft power do Brasil, essa visão de país "pouco sério" afeta o potencial de influenciar a política global. Segundo o índice Soft Power 30, o Brasil era somente o 29º lugar, penúltimo, no ranking de países com maior "poder suave" no mundo. De acordo com Jonathan Mc-Clory, diretor da consultoria que realiza o estudo, problemas políticos, o impeachment de Dilma Rousseff, instabilidade política, turbulência econômica e escândalos de corrupção afetavam a projeção de "poder suave" do país em 2017. Os aspectos mais leves da imagem do país, no entanto, continuam a ter uma boa avaliação no mundo com o apelo do carnaval, do futebol e do estilo de vida na praia.

De forma parecida, a análise do Soft Power Survey, índice publicado todos os anos pela revista britânica Monocle, descreve o Brasil como uma país cuja marca foi construída pela ideia de felicidade e hedonismo. A revista chegou a colocar o Brasil como grande destaque do mundo em edições do começo da década de 2010, mas o país caiu para a última colocação do ranking de 25 nações no índice de 2017/2018.

PAÍS DE DIVERSÃO, CAFÉ, FUTEBOL E MÚSICA

O Brasil está associado em todo o mundo a elementos como café, futebol, carne, música, carnaval, gastronomia, samba e sandálias Havaianas. Este é o resultado de duas pesquisas da consultoria FutureBrand que medem a imagem internacional dos países: o Country Brand Report (que foca especificamente a América Latina) e o Country Brand Index. Segundo os levantamentos do final da década de 2010, o Brasil era considerado o país com a segunda marca mais valiosa da América Latina (atrás da Argentina) e o 43º país com melhor imagem no mundo (de um total de 118 nações avaliadas).

A avaliação indica que os principais pontos fortes do Brasil são beleza natural, variedade de atrações, destinos de férias e pontos históricos, enquanto suas principais fraquezas são liberdade política, saúde e educação, qualidade de vida, tecnologia e infraestrutura. Essa associação da imagem do Brasil com férias e diversão também dá o tom do Personality Atlas, um mapa fictício que reorganiza o mundo com base na percepção internacional sobre a personalidade predominante de cada país. Este estudo redesenhou o mapa mundi com base em estereótipos de cada país, fazendo com que as nações tenham fronteira com outras com características de personalidade semelhantes, criando, assim, novos continentes. Este processo levou o Brasil a fazer parte de um continente fictício chamado "Funland", Terra da Diversão. Ali estão países bem-humorados e simpáticos, mas não muito sérios. "A Funland é um continente que engloba o Brasil, a Itália e a Espanha, países percebidos como carismáticos, divertidos, humorísticos e apaixonados", descreve o estudo. Os países sérios, como Alemanha e Japão, fazem parte do continente "Uniformany" (terra de uniformidade), enquanto a China forma o "Geniustan" (terra de gênios).

A imagem de país decorativo e pouco sério é reforçada até mesmo por uma pesquisa desenvolvida por brasileiros, "O Brasil aos Olhos do Mundo", realizada pela CNT/Sensus, em 2012 – época em que o país crescia e sua projeção global estava no auge. De acordo com este estudo global sobre a reputação do país, o Brasil continuava sendo associado a diversão, e não a trabalho.

Uma das primeiras coisas que a pesquisa mostrava era que os principais estereótipos sobre o Brasil são carnaval, praias e futebol. Ideias como pobreza, floresta amazônica e desenvolvimento econômico foram mencionadas. Os brasileiros foram descritos como "felizes", "festeiros", "populares", "bons no futebol" e "bons vizinhos", um belo país com pessoas hedonistas.

PAÍS DA AUTOCRÍTICA CONTRIBUI POUCO

Outro estudo que trata da "seriedade" do país considera não a percepção, mas a atuação real do Brasil no mundo. De acordo com o Good Country Index de 2017, o Brasil era apenas o 80º país no ranking de nações que mais contribuem para o planeta. Em vez de avaliar a imagem das nações, o estudo "bom país" classifica 163 nações com base no "bem" que fazem para o mundo. A ideia do GCI é medir o que cada país contribui para o planeta e o que ele tira, em relação ao seu tamanho. Isso indica, segundo Anholt, que também está envolvido com esta pesquisa, que talvez o Brasil ainda tenha uma imagem mais positiva do que mereceria de fato.

Essa diferença entre a avaliação externa e a realidade interna aparece em outra pesquisa. Apesar de repetir a ideia do Brasil como um lugar para diversão, e não para negócios sérios, um outro estudo global que mede a percepção das nações ao redor do mundo também revela um lado diferente sobre o país, a autoimagem – que é ainda mais crítica do que a visão externa. Segundo o estudo Country RepTrak do mesmo ano, o Brasil era o país com mais "autocrítica" do mundo. Isso significa que é a nação que tem a maior diferença entre a avaliação da imagem externa e a percepção do público interno. Os estrangeiros acham que o Brasil é melhor do que a imagem que os próprios brasileiros têm do país.

Todas essas imagens estereotipadas do Brasil, explica Rosana Bignami, que estudou a percepção do país no mundo, têm aceitação no próprio território nacional e são assumidas como elemento verdadeiro da cultura brasileira e dessa forma é difundida. "O elemento exótico encontra-se inserido nos discursos dos próprios brasileiros e até mesmo nas instâncias decisórias da política." E ainda acrescenta: "O estrangeiro vê o Brasil como o próprio brasileiro se vê e se promove. Não cabe ao estrangeiro mudar essa imagem. As mudanças, se desejadas, devem partir da nação e não podem representar somente uma campanha publicitária restrita a alguns filmes, anúncios em algumas revistas e espetáculos de samba no exterior".

UMA HISTÓRIA DA CONTROVERSA DESCRIÇÃO

A ideia de que o Brasil não é sério é tão popular que se espalhou pelo mundo, passou a marcar a forma como o país é visto de fora e tornou-se um dos atos fundadores da sua imagem internacional, segundo o jornalista Milton Blay, radicado na França há mais de três décadas. A origem da controversa frase costuma gerar confusão, entretanto. Apesar de frequentemente atribuída ao ex-presidente francês Charles de Gaulle, ela teria sido criada e difundida pelos próprios brasileiros.

Mesmo sem comprovação, algumas versões argumentam que o general De Gaulle teria dito a frase durante visita ao Brasil nos anos 1960. Ainda assim, arquivos de jornais brasileiros da época não registram nada relacionado a isso. A versão mais confiável, no entanto, é de que a frase, na verdade, foi criada pelo ex-embaixador do Brasil na França Carlos Alves de Souza.

O caso é explicado em detalhes pelo escritor Paulo Gravina no livro *Que Brazil é esse?*. Após uma ampla pesquisa, ele conta como a frase se espalhou após ser dita pelo embaixador em uma conversa informal com um correspondente brasileiro em Paris, Luiz Edgar de Andrade. Mesmo sem ser muito conhecido no Brasil, o próprio embaixador admitiu sua responsabilidade pela autoria em um capítulo da sua autobiografia. A declaração foi inspirada pelo que ele chamou de episódio "ridículo", um incidente diplomático entre Brasil e França que viria a ser conhecido como Guerra da Lagosta.

O caso foi uma escalada de tensão entre os dois países, entre 1961 e 1963, por conta do direito de pesca no litoral brasileiro e chegou a registrar o envio de navios de guerra preparados para um possível confronto que acabou não acontecendo. Segundo Souza, que era embaixador na França na época, a falta de conexão entre o governo e as embaixadas brasileiras mostrou a desorganização típica de um país sem seriedade.

Chamado pelo governo francês para se encontrar com o presidente De Gaulle, Souza conta como surgiu o mal-entendido sobre a autoria da frase. Em *Um embaixador em tempos de crise*, sua autobiografia, ele diz que se encontrou com o general, que reclamou das críticas brasileiras à França. Depois do encontro, o embaixador foi a uma recepção na casa do presidente da Assembleia

Nacional da França, onde se encontrou com o correspondente brasileiro, e soltou a crítica ao país: "Falei-lhe sobre o tal samba carnavalesco 'A lagosta é nossa', as caricaturas do presidente De Gaulle e terminei a conversa dizendo: Luiz Edgar, le Brésil n'est pas un pays sérieux", conta, no livro. Segundo o embaixador, foi daí que a frase se popularizou, criando a versão de que teria sido proferida pelo presidente da França.

Apesar do reconhecimento feito pelo embaixador em sua biografia, a história não ficou livre de polêmicas. Isso porque não há em arquivos de grandes jornais brasileiros nos anos 1960 nenhum registro que confirme a versão dada por Souza para explicar a popularização da referência a De Gaulle. A primeira menção à frase em algum veículo da grande imprensa nacional ocorre apenas anos mais tarde, já alegando que ela era erroneamente atribuída ao francês.

Além disso, o jornalista citado pelo embaixador sempre negou que fosse responsável por popularizar a frase. Em uma entrevista, ele disse acreditar que o presidente francês podia realmente ter dito a frase, e que o próprio embaixador a repetia a amigos, o que fez ela se tornar conhecida.

"O meu envolvimento nessa história começa em 1979, quando o embaixador publicou as suas memórias, e tem um capítulo sobre esta frase. Neste capítulo ele me atribui a divulgação da frase. Eu teria mandado ao *Jornal do Brasil* esta informação, que se espalhou. Acontece que em 1990 eu procurei nos meus arquivos e na coleção do *Jornal do Brasil* na Biblioteca Nacional este jornal. Acontece que não tem essa informação. Tenho certeza de que não fui eu que mandei essa informação", diz Andrade.

O jornalista alega ver como um mistério a origem da frase e diz que Souza seria responsável por sua divulgação. "Havia a suspeita de que o próprio embaixador Alves de Souza tenha espalhado a história. E é atribuída a mim. Eu acho bastante provável que o De Gaulle tenha dito isso mesmo. O embaixador, ao me dar o livro, fez uma dedicatória: 'Ao Luis Edgar de Andrade, coautor da famosa frase'. Na versão dele, ao conversar comigo, ele teria dito a mim 'Le Brésil n'est pas sérieux', e eu fiz confusão, como ele falou em francês, e atribuí ao De Gaulle. Na verdade, não publiquei. Acho que o embaixador contava a amigos íntimos isso."

Souza serviu na Europa por muitos anos. Recebeu medalha de ouro pelos cinquenta anos de trabalhos prestados ao serviço público do país em 1966, quando também se aposentou. O embaixador continuou defendendo sua posição crítica até a publicação do livro, no fim dos anos 1970, quando disse achar que o Brasil de fato não era um país sério.

"Na minha vivência de mais de 50 anos nos meios militares, diplomáticos, políticos e sociais, cheguei a conclusões melancólicas. A primeira é a de que a argila, da qual foi feita o brasileiro, não é de boa qualidade. E a outra, em que foi acertada minha frase, atribuída ao general De Gaulle: 'Le Brésil n'est pas un pays sérieux'", diz, ao encerrar o livro.

IMAGEM DEFINIDA E MEDIDA

Estudos de "nation branding", ou "marca país". partem do princípio de que a imagem externa dos países do mundo é relevante para os negócios internacionais e para a diplomacia. Consideram possível traçar o perfil da reputação desses países de forma parecida ao que o marketing faz ao avaliar a força de marcas comerciais. Antes de desenvolver essa análise, porém, é essencial discutir o que significa exatamente falar sobre a ideia de "imagem" internacional e como seria possível medi-la.

O economista americano Kenneth E. Boulding publicou nos anos 1950 um estudo fundamental sobre esse assunto. Ele argumentava que "imagem" é sinônimo de conhecimento subjetivo, conhecimento pessoal e crença. É o que determina o comportamento de uma pessoa ou grupo, segundo ele. A definição é semelhante à que o escritor e analista de mídia Walter Lippmann desenvolveu, nos anos 1920, em um estudo essencial sobre estereótipos que ele define como "imagens em nossas cabeças".

Até agora, porém, a literatura sobre o assunto é evidente ao admitir que é difícil ter uma definição consensual do que exatamente é a imagem de um país.

Rosana Bignami argumenta que as imagens devem ser entendidas como a maioria das representações de uma nação na mente dos indivíduos. Segundo ela, fatores sociais e históricos, posição geográfica, clima e mídia contribuem para a definição dessa imagem média.

Acadêmicos que se debruçaram sobre isso com um olhar mais cuidadoso argumentam que imagem e reputação são uma questão de percepção e não podem ser pensadas como sinônimos da realidade. O status geral de uma nação, eles argumentam, é uma função de sua reputação entre várias partes interessadas e várias categorias.

A literatura acadêmica relacionada a imagens nacionais costuma definir imagens de nações como "percepções", "impressões", "associações", "estereótipos", "esquemas" e "crenças", mas eles defendem que a palavra "imagem" é mais abrangente.

Um dos primeiros esforços para desenvolver um modelo para medir imagens de nações com uma abordagem próxima ao marketing foi estabelecido nos anos 1990. A partir dali, a imagem de um país passou a ser vista como um conceito multidimensional entendido como "o total de todas as crenças descritivas, inferenciais e informativas que se tem sobre um país em particular".

Embora seja uma abordagem inicial interessante para a pesquisa de imagens de nações, ela ainda é criticada por não levar em consideração questões ligadas à política e às relações internacionais, pensando a questão das percepções apenas na perspectiva do consumo. Apesar da popularidade dos estudos sobre marcas nacionais, especialmente nos círculos de marketing, uma abordagem mais crítica para essa interpretação das imagens como marcas começou a ser desenvolvida posteriormente. Indo além de entender apenas o conceito de imagem, o chileno César Jiménez Martinez, por exemplo, argumenta que pode ser muito difícil até falar sobre uma única "imagem" de um país, e que parece mais apropriado discutir "imagens", no plural, pois depende de quem está olhando a nação a cada momento.

ESTEREÓTIPOS E RELAÇÕES INTERNACIONAIS

Os estudos que enfocam a importância das percepções, imagens e reputação nas relações internacionais remontam ao debate global pós-Segunda

Guerra Mundial sobre guerra e paz. As Nações Unidas decidiram estudar o assunto no final da década de 1940. A instituição assumia que as guerras começavam na mente das pessoas, e, portanto, seria importante entender como as imagens estão associadas à defesa da paz.

Após uma primeira corrida para entender o impacto das imagens nas relações internacionais após a Segunda Guerra Mundial, entretanto, a área passou a ser um foco de atenção mais próximo às abordagens de marketing e negócios, sendo deixada de fora pelos principais estudos de relações internacionais. Embora seja verdade que o conceito de imagens no tratamento de nações como marcas tenha se afastado de questões políticas, o pesquisador francês Jean-Noël Jeanneney argumenta que é fútil ou inútil ignorar os reais impactos dos estereótipos na relação entre diferentes nações. Toda reflexão política, ele explica, exige que a dialética de fatos e representações seja levada em consideração.

Jeanneney discute como os políticos também carregam consigo imagens estereotipadas de outras nações. Até diplomatas, ele explica, mantêm estereótipos em mente enquanto trabalham na política internacional, e despachos oficiais e telegramas mostram que os embaixadores não estão isentos de ideias prontas sobre os países onde trabalham.

Uma abordagem semelhante é reforçada por Robert Frank, que argumenta que as imagens que as nações fazem umas das outras desempenham um papel fundamental nas relações internacionais, que os estereótipos alteram o julgamento de diplomatas e atores políticos, criando preconceitos e equívocos.

Os estudos de imagens nas relações internacionais são especialmente importantes ao analisar o caso do Brasil porque também são frequentemente discutidos sobre a ideia de soft power, fortemente relacionada à forma como o país é percebido internacionalmente. Embora o conceito de "poder brando" e sua aplicação sejam contestados com frequência, a capacidade de levar outro país a fazer o que se quer sem o uso de poder econômico ou militar é descrita como o principal meio pelo qual o Brasil tem buscado reconhecimento internacional como ator significativo. Pensando que o Brasil vem tentando se apresentar como uma potência global sem ter poder militar, é crucial analisar quais são as imagens percebidas do Brasil para entender como elas se relacionam com a ambição do país de ser reconhecido como um membro importante na política mundial.

E os resultados de pesquisas globais sobre como o Brasil é visto no resto do mundo parecem confirmar a ideia de que o resto do mundo conhece bem o Brasil, o que é relevante. Mas a análise detalhada da imagem do Brasil em outros países parece mostrar que as percepções não são de um país com muito soft power, mas de um país "decorativo", uma nação que não é associada apenas a estereótipos que parecem confirmar a velha e repetida ideia de que o Brasil não é uma nação séria – o que por sua vez poderia impedir as aspirações do Brasil no mundo.

IMAGENS IMPORTAM

A análise de dados dessas pesquisas sobre as percepções estrangeiras do Brasil confirma claramente que as imagens externas do país estão alinhadas com a velha frase que define o Brasil como um país frívolo, uma nação que é bem admirada por seu perfil cultural, turístico e partidário, mas isso não é considerado positivamente como um país importante para a política e a economia globais.

Embora esses resultados mostrem o que as pessoas comuns em diferentes partes do mundo pensam sobre o Brasil, e não as percepções de elites como políticos e diplomatas, esses resultados são particularmente importantes quando se considera que imagens e soft power são a base principal na qual o Brasil tenta tornar-se um país de maior prestígio nas relações internacionais, incluindo sua candidatura a um lugar no Conselho de Segurança da ONU e sua tentativa de se tornar reconhecido como um ator significativo na política global.

Em vez de focar nas reais capacidades do país ao buscar prestígio global, o Brasil frequentemente se concentra mais em obter reconhecimento por meio de uma percepção internacional positiva da nação como um ator ativo nos assuntos globais por meio de negociação e conciliação. Embora o país seja geralmente bem percebido, e embora possua um corpo diplomático profissional e respeitado, deve entender que suas imagens ainda não são as de uma nação séria. Isso é importante quando se pensa que a "marca" do país, suas percepções no exterior, é relevante para a política internacional, principalmente quando se pensa no marco das teorias construtivistas de relações internacionais.

Os estudos sobre a marca das nações e a teoria das relações internacionais mostram que, mesmo que um país como o Brasil tenha uma imagem "legal" desejada e uma percepção positiva em outras partes do mundo, os estereótipos que as outras nações têm sobre ela podem influenciar em seu lugar no mundo político e dificulta a realização de qualquer coisa na arena global quando é vista como um excelente local para festas.

Embora possa ser verdade que talvez as imagens gerais de um país não influenciem diretamente os debates políticos reais globalmente, e embora a tradição das relações internacionais pareça ignorar os levantamentos de imagens usando uma abordagem construtivista, é possível ver que a literatura sobre percepções e percepções errôneas na política internacional mostra que é vital entender como as nações pensam umas sobre as outras.

Isso é evidente não apenas por conta dos estudos de relações internacionais citados, mas também em outras áreas de pesquisa acadêmica que tratam da irracionalidade humana. Em seus estudos de economia comportamental, o pesquisador Dan Ariely demonstra claramente como imagens afetam relações e podem levar a conflitos.

Segundo Ariely, as expectativas afetam o comportamento das pessoas, e as mesmas expectativas moldam os estereótipos – o que faz com que as imagens nacionais afetem o comportamento de todos os lados de um contato entre nações. Estes mesmos processos viciados influenciam as relações entre Estados e podem ser até mesmo considerados responsáveis pelo crescimento de conflitos internacionais, diz Ariely.

Por um lado, as imagens podem influenciar negativamente as percepções e comportamentos. O economista explica que as pessoas reagem de modo diferente quando têm um estereótipo de determinado grupo de pessoas, e que as próprias pessoas que são alvo de estereótipos também reagem de modo diferente quando têm consciência do rótulo que vestem.

Ariely não critica a existência desses estereótipos, entretanto. As experiências, ele explica, são fundamentais para ajudar as pessoas a entender uma conversa numa sala barulhenta e confusa, a partir de pequenos pedaços de informações. Essas expectativas são importantes formas de categorizar informação na esperança de prever experiências. "O cérebro não pode começar do zero a cada situação nova, tem que acumular a nova informação àquilo que já viu antes. Por esse motivo, os estereótipos não são intrinsecamente malévolos. Fornecem atalhos às nossas intermináveis tentativas de dar sentido a situações complicadas", explica.

Mais importante do que pensar os estereótipos como nocivos ou benéficos é entender que eles existem e afetam o comportamento, muitas vezes impedindo lados diferentes de chegarem a um acordo. "Em um cenário assim, quando não é possível despir-nos de preconceitos e de conhecimentos prévios, talvez possamos pelo menos reconhecer que todos temos raciocínios viciados". O reconhecimento da existência da influência dos estereótipos se torna, portanto, fundamental. E, além disso, o reconhecimento de quais são esses estereótipos – qual é a imagem do país – pode ajudar a entender as expectativas de partes externas, ajudando a determinar melhor as formas de agir a fim de evitar conflito e maximizar as vantagens nessas relações.

Enquanto Ariely propõe uma abordagem da irracionalidade na economia, desde os anos 2000 também são desenvolvidos estudos com uma abordagem comportamental das relações internacionais.

Estudos importantes colocaram em xeque a ideia de racionalidade dos Estados, argumentando que a psicologia dos líderes políticos influencia as decisões tomadas por tal Estado. O paradigma das relações internacionais comportamentais baseia-se na evidência de que líderes, grupos e organizações se afastam do modelo clássico de ator racional – exatamente como na economia comportamental. A abordagem comportamental das relações internacionais tem seis características básicas: as nações são lideradas por líderes que geralmente tomam decisões menos que racionais; existem limitações à capacidade dos líderes de processar informações; vieses influenciam decisões; o estudo se concentra no processo e resultado; o pressuposto de invariância associado à escolha racional é frequentemente violado por causa dos efeitos de enquadramento e emocionais; a aversão à perda é fundamental para as decisões de líderes, grupos e elites em geral.

Os dados sobre os estereótipos do Brasil mostram que parece haver um contraste entre as percepções gerais que as populações em todo o mundo têm sobre o Brasil e o papel que o país quer desempenhar internacionalmente e, portanto, seu prestígio. A análise dessas percepções expõe essas diferenças e cria um ponto de partida para discutir as relações entre imagens internacionais e política externa. Embora existam evidências na literatura sobre as imagens serem fonte de problemas nas negociações internacionais do Brasil, ainda não é possível medir exatamente as conexões entre elas.

Esta análise não oferece uma conclusão definitiva sobre os possíveis efeitos de tais contrastes, mas foi essencial reunir todas as informações possíveis sobre quais são as imagens do país para usá-las em comparação com a posição do Brasil no mundo. Mesmo que não mostre impactos claros de imagens que impedem a tentativa do Brasil de ter um papel internacional robusto, essa análise inicial das percepções internacionais gerais sobre o Brasil de acordo com diferentes pesquisas globais mostra que existe uma lacuna entre imagens e ambição.

O QUE É UM "PAÍS SÉRIO"?

As descrições extraídas das pesquisas internacionais correspondem à famosa frase frequentemente repetida sobre a falta de seriedade do Brasil. No entanto, assim como há incerteza em relação ao conceito de "imagem", a literatura sobre relações internacionais e marcas de nações não oferece uma definição clara do que é um "país sério".

A ideia não está apenas relacionada ao Brasil e é frequentemente usada na mídia internacional até para discutir crises em países poderosos, como o Reino Unido, no debate sobre Brexit, e as mudanças na política externa dos Estados Unidos sob Donald Trump. Ainda assim, não há consenso sobre o que essa seriedade significa.

Considerando o caso do Brasil, grande parte da ideia de que o país não é sério pode ser entendida pelo estudo da sociologia e identidade brasileiras. Como a pesquisadora Marina Duque discutiu em sua análise da autoidentificação dos brasileiros, a percepção de que o Brasil não é sério faz parte das autoimagens do país.

A socióloga Livia Barbosa descreve como essa ideia de falta de seriedade entra nas identificações nacionais brasileiras como parte do famoso jeitinho brasileiro – a maneira brasileira de lidar com problemas, burocracia estatal e, até, a lei. Sua análise argumenta que o jeitinho é um mecanismo que transforma indivíduos em pessoas, apoiando-se em um discurso de igualdade entre os seres humanos e sua capacidade de se colocar no lugar dos outros.

O jeitinho é entendido como parte das identificações nacionais e tem interpretações ambíguas, sendo pensado ao mesmo tempo como algo positivo e negativo – assim como a percepção externa de ser um país de festas pode ser ótima para atrair simpatia internacional e tornar o Brasil a nação "mais legal", mas ao mesmo tempo faz com que isso seja visto como não necessariamente sério. Essa identificação interna pode ser extrapolada para uma percepção estrangeira, uma vez que imagens e estereótipos são frequentemente extraídos de identidades nacionais.

Avaliando as aspirações do Brasil no cenário global, o professor britânico Richard Ned Lebow argumenta que o resto do mundo não percebe o país como uma nação que está pronta para aceitar o dever de defender a ordem internacional, que parece se encaixar no conceito desenvolvido a partir de Barbosa e pode servir como uma explicação para o significado de seriedade.

O Brasil não é sério, portanto, porque seu povo permite que a amizade tenha mais valor do que a aplicação da lei, Barbosa explica. Essa aparente falta de seriedade se dá porque todos os parâmetros da ideologia individualista, incorporados em um tratamento igualitário a todos perante a lei, estão vazados na prática social brasileira sob uma perspectiva relacional, que transforma o público em privado.

Com base nessa avaliação e na análise sociológica do jeitinho brasileiro, bem como na perspectiva política adotada por estudos de relações internacionais, é possível propor que um "país sério" poderia se referir a uma nação que sustenta uma visão ocidental da modernidade e individualismo, um sistema em que o Estado de Direito está acima das personalidades. Pode ser pensado como uma construção ocidental, à qual os países menos desenvolvidos periféricos (como o Brasil) podem ter dificuldade em se adaptar por causa de suas próprias culturas, identidades e tradições.

Essa definição é especialmente relevante quando se considera que os estereótipos internacionais dizem muito não apenas sobre o país que está sendo descrito, mas também sobre as pessoas no exterior que associam o país aos clichês. Robert Frank reflete sobre o papel dos estereótipos na formação do senso de identidade, o que parece funcionar no caso da reputação do Brasil. Quando outras nações – mais desenvolvidas e prósperas – dizem que o Brasil não é sério, estão apresentando suas próprias imagens como uma nação séria – uma identidade superior, alguém poderia argumentar.

Como o professor chileno César Jiménez-Martínez argumenta em um artigo, a percepção estrangeira não é neutra. Da mesma forma, estudos se baseiam na análise de imagens de nações na mídia internacional e no trabalho de Foucault para explicar que as imagens externas funcionam como imperativos disciplinares para os países, e que a avaliação e os índices internacionais podem ser entendidos em termos de poder, de classificação e ordenando estados e criando hierarquias. Quando pesquisas globais mostram que o Brasil é visto pelo público em geral apenas como um país de festas e diversão, ele o diferencia dos países que são verdadeiramente sérios, mais poderosos, e, portanto, de fato preparados para manter o poder nas relações internacionais.

A influência dessa definição de "país sério" é evidente na maneira como as instabilidades políticas e econômicas impediram as tentativas do Brasil de se projetar no cenário global no passado. Enquanto, por um lado, enfraquece a busca do país por mais reconhecimento internacional, também expõe imagens negativas do Brasil nas áreas que costumam estar ligadas a assuntos sérios. Da mesma forma, rupturas no sistema de regras do Brasil ao longo de sua vida republicana, por exemplo, reforçam isso. Uma série de golpes e impeachments de líderes eleitos reforçou a percepção de instabilidade e falta de Estado de Direito na política brasileira.

Ao mesmo tempo, é interessante notar que, no final da primeira década do século XXI, quando a economia brasileira estava em expansão e havia um aparente aumento no status global do país, isso ocorreu, em parte, impulsionado pela estabilidade política e econômica, enquanto o país parecia respeitar o Consenso de Washington. Embora isso tenha mudado quando o país enfrentou crises políticas e sua pior recessão na história, que rebaixou sua "marca" por algum tempo, o país foi percebido como um possível sucesso. Naquela época, porém, o Brasil alcançou mais reconhecimento e prestígio internacional e passou a ser visto por muitos como "finalmente sério", como o professor americano Alfred P. Montero argumentou em uma palestra em 2013.

As dificuldades em seguir esse modelo ocidental levam à percepção de que países como o Brasil são menos sérios. No caso do Brasil, é demonstrado pelo jeitinho, uma tradição que aplica um tratamento de personalidade brasileiro ao individualismo da modernidade. Por um lado, torna o país a nação "mais legal" e um excelente local para turismo e festas; por outro lado, dificulta ao Estado obter mais prestígio nas relações internacionais.

Esse conceito do que significa ser um "país sério" também pode ser interpretado como um meio dos países mais poderosos para manter outras nações alinhadas com o modelo proposto para o mundo, sem aceitar as diferenças e singularidades de outras nações. Isso ajuda a manter intacto o status quo e a estrutura por trás dele.

2

UMA HISTÓRIA DE DESCONHECIMENTO[2]

"QUANDO PENSÁVAMOS NO BRASIL, pensávamos em selvagens morando no vale do rio Amazonas, onde há cobras imensas e macacos tagarelam na floresta. Possivelmente nos lembrávamos que o café era plantado na parte Sul do país e que a capital é o Rio de Janeiro, situada em uma bela baía cercada por montanhas, e que o português é a língua oficial."

Este é um pequeno retrato da imagem internacional do Brasil quando o país sediou sua primeira Copa do Mundo, em 1950. A descrição faz parte do livro *Brazil, world frontier,* de Benjamim Harris Hunnicutt, e foi publicada em 1949.

Apesar de o país investir na divulgação internacional da sua imagem desde antes mesmo da Independência, e mesmo que tivesse atuação diplomática forte e fosse levado a sério por outros governos, o conhecimento a respeito do Brasil parecia não chegar às pessoas que viviam em outros países do mundo. "Não conheço nenhum outro país cuja geografia, história e essência geral sejam tão pouco conhecidas e tão mal interpretadas quanto o Brasil", declara Oswaldo Aranha, ex-embaixador do país nos Estados Unidos, no prefácio do livro.

Uma série de pesquisas de opinião pública realizadas nos Estados Unidos entre 1939 e 1945 mostrava que o resto do mundo realmente não tinha uma opinião muito positiva do Brasil e do resto da América Latina. A pesquisa resultou em um relatório preparado para o governo e que citava a "ignorância lamentável" dos norte-americanos em relação ao resto do continente. Quase

---

2   Este capítulo foi escrito com base em dados da pesquisa desenvolvida durante o mestrado no Brazil Institute do King's College London e de posts publicados no blog *Brasilianismo.*

metade dos entrevistados não sabia citar nenhum dos países da América Latina, e o Brasil, país mais conhecido, foi citado por 43% dos norte-americanos.

O pouco que se sabia sobre brasileiros e latinos era parte de um estereótipo bastante negativo. A imagem geral era uma mistura de "gigolô com grandes elementos de preguiça, atraso e sujeira", dizia o estudo.

Entre as características dos latinos e brasileiros mais citadas pelos entrevistados estavam a pele escura (77%), o temperamento exaltado (47%), temperamento emotivo (42%) e o atraso social e político (42%). Apenas 5% dos norte-americanos entrevistados viam os vizinhos de continente como eficientes, e 11% como progressistas.

O desconhecimento sobre o Brasil no resto do mundo já tinha sido evidenciado também por Stefan Zweig, que nos anos 1940 escreveu o livro *Brasil, um país do futuro*.

"Sobre o Brasil, eu tinha a mesma imagem algo pretensiosa que tem o europeu ou o norte-americano medianos, e eu me esforço em reconstruí-la: uma daquelas repúblicas sul-americanas que não distinguimos bem umas das outras, com clima quente e insalubre, situação política instável e finanças em desordem, mal administrada e onde apenas as cidades litorâneas são relativamente civilizadas, porém geograficamente bela e com muitas possibilidades mal aproveitadas – um país, portanto, para emigrados desesperados, mas de modo algum um lugar do qual se possam esperar estímulos intelectuais."

Além desses relatos sobre a imagem do país encontrados em livros de meados do século XX, o Brasil foi também citado centenas de vezes pela imprensa internacional durante a realização da Copa do Mundo de 1950. Foram 205 textos citando o país somente no *New York Times*, outras 22 citações no *Monde*, 68 no britânico *The Guardian*, dez na revista *The Economist* e 119 reportagens mencionando o Brasil no jornal espanhol *ABC*. Nem todos os textos descreviam o país ou tratavam da Copa em si, na verdade. O Brasil era citado em tabelas sobre comércio internacional, em reportagens sobre política e diversos outros temas. Pelo menos 25% desses textos, entretanto, enfocavam o país durante a Copa. A própria imprensa da época era diferente, então os textos são mais formais e usam menos estereótipos na descrição do país.

Ainda assim, cerca de 21% dos artigos ressaltavam a paixão dos brasileiros pelo futebol (o país ainda não era conhecido como "país do futebol" e nunca havia ganho um torneio mundial até então). O segundo estereótipo mais comum usado naquele ano para descrever o Brasil foi o café, que era o principal produto de exportação do país à época. Apareciam ainda citações à selva amazônica, à instabilidade econômica e, em menor escala, às festas populares e à violência.

EXOTISMO CENTENÁRIO

Ao assistir a um documentário sobre o Rio de Janeiro na TV britânica, a professora Vivien Kogut Lessa de Sá, do departamento de estudos de português e espanhol da Universidade de Cambridge, lembrou-se imediatamente da carta de Pero Vaz de Caminha, de 1500, e de outros relatos de viajantes europeus ao Brasil do século XVI. Para ela, muito do que há de imagem do Brasil contemporâneo, especialmente quando se trata de estereótipos como exotismo e sensualidade, vem sendo construído e realimentado desde aquela época.

"Minha impressão é que ainda prevalece o exotismo quando se retrata o Brasil na Europa. Ainda se ressalta a 'proverbial beleza das mulheres brasileiras', a afabilidade e espontaneidade do povo, um ar singularmente relaxado e as onipresentes belezas naturais. E ao lado disso há um subtexto de bestialidade, de primitivismo, que inspira encantamento e repulsa ao mesmo tempo", disse Lessa de Sá, em entrevista ao autor.

Para a pesquisadora, é possível perceber efeitos dos primeiros relatos na formação da imagem do Brasil. Ela menciona especificamente a descrição dos índios como exagerada, inclusive na questão da sensualidade, que continua sendo um forte estereótipo do Brasil no exterior. "Acho que ficou um estereótipo que se retroalimenta. Se você lê esses primeiros relatos (Caminha, Vespucci), há uma ênfase enorme na sensualidade – inocente para Caminha e pervertida para Vespucci. Mas isto é o resultado óbvio do maior choque produzido no encontro entre os europeus e os habitantes da América tropical: a nudez do indígena. Para os europeus, o vestuário não servia somente para 'cobrir as vergonhas', era o maior indicador de identidade: a roupa designava gênero, classe, profissão, nacionalidade, status social, idade etc. Para os europeus, uma sociedade despida significava uma sociedade em que estavam ausentes os principais elementos ordenadores: hierarquia, riqueza, controle. É sintomático que esta seja a primeira impressão dos índios que se acha em quase todos os relatos, desde Colombo: as primeiras palavras sobre os indígenas serão sempre 'andam nus', seguidas da cor da pele. Fica aí impressa, até hoje, a imagem de que uma das maiores características da América tropical é precisamente o seu despudor."

Poucos anos depois do registro do mais conhecido relato sobre o Brasil na época em que os portugueses chegaram ao território americano pela primeira vez, pelas mãos de Pero Vaz de Caminha, em 1500, a então colônia portuguesa também foi visitada por viajantes ingleses. Estas viagens resultaram em narrativas com um olhar diferente daquele do colonizador português, que permitem uma interpretação menos conhecida sobre o Brasil de quinhentos anos atrás.

A professora estuda há mais de uma década esses relatos sobre o Brasil dos primeiros séculos após a chegada dos portugueses. Ela traduziu e editou, com a pesquisadora Sheila Hue, o livro *As incríveis aventuras e estranhos infortúnios de Anthony Knivet*, escrito por um desses viajantes que viveu dez anos no Brasil. Cartas, diários e outros depoimentos desses ingleses que vieram ao Brasil nos séculos XVI e XVII são foco do trabalho de Lessa de Sá. São documentos que ficaram desconhecidos do público brasileiro e que ajudaram a formar na Europa uma primeira imagem internacional do que viria a ser o Brasil.

Segundo a pesquisadora de Cambridge, são relatos que descrevem a terra recém-encontrada por europeus e que deixam entrever mais do próprio autor do que da realidade que ele busca relatar. "Nesses casos, o relato, enquanto busca narrar eventos e descrever características da nova terra, acaba por traduzir ansiedades, desejos e fantasias do próprio narrador, que acabam determinando o teor e a forma de suas observações", observou. "A imagem transmitida do Brasil depende do momento: nas primeiras viagens sobressai a riqueza natural da terra, o exotismo dos indígenas; nas viagens comerciais há ênfase nas promessas de riqueza no comércio do açúcar, por exemplo, e notícias vagas sobre possibilidades de ouro; finalmente, na última fase, há uma atitude predatória, frequentemente acompanhada de um verdadeiro ódio aos portugueses, vistos como indignos de serem 'donos da terra'."

ESQUECIMENTO METROPOLITANO

Enquanto os recifenses continuam a repetir em pleno século XXI a importância da história da cidade sob domínio da Holanda no século XVII e como isso ajudou a formar o Estado e a personalidade pernambucana, 99 em cada 100 holandeses ignoram que o passado do país incluía um período de mais de duas décadas controlando parte do território brasileiro.

A estatística informal é levantada pelo historiador holandês Michiel van Groesen, professor na Universidade de Leiden e autor do livro *Amsterdam's Atlantic* (Atlântico de Amsterdã). "Tenho 41 anos e nunca ouvi falar sobre o Brasil holandês na escola. Literalmente nada. Ninguém na Holanda sabe dessa história, pois ela foi institucionalmente esquecida", explicou. Apesar da ignorância na Metrópole em que ele vive, e de nunca ter ouvido do assunto na escola, Van Groesen se tornou um dos maiores especialistas no período em que a Holanda invadiu e dominou o Brasil, entre 1624 e 1654.

Segundo ele, a ignorância holandesa se dá porque, depois da derrota do país para Portugal e Espanha e sua expulsão do Brasil, em 1654, os holandeses ficaram tão constrangidos e decepcionados pela perda do território no Nordeste brasileiro que resolveram apagar o vexame da sua história. É praticamente uma forma de despeito, como uma criança que perde um brinquedo e que se contenta e se engana ao pensar que não era algo tão bom, de qualquer forma. Até hoje, ele explica, crianças não aprendem na escola sobre o período holandês da história brasileira.

O resultado disso é que, em vez de ter uma relação próxima com sua ex-colônia, os holandeses têm uma visão simplista e estereotipada – quase sempre negativa – sobre o Brasil atual.

Van Groesen avalia que, apesar de ser um passado pouco conhecido, a colônia na América do Sul era um dos temas mais importantes para o país europeu e para a geopolítica ocidental do século XVII. "Nos anos 1620, a mídia holandesa começou a preparar o apetite das pessoas para o potencial ataque contra o Brasil. Quando o ataque se materializa, em 9 e 10 de maio de 1624, e a notícia do sucesso holandês em Salvador chega à Holanda, três meses e meio depois, na última semana de agosto, a reação foi de alegria extrema", disse, em entrevista ao autor.

A empolgação se explica pela longa guerra entre Holanda e Espanha na época, quando os holandeses colecionavam reveses, enquanto o ataque ao Brasil foi a única exceção à história negativa da guerra nos primeiros anos da década de 1620 (isso porque ocorreu durante a União Ibérica, quando Portugal estava sob controle espanhol). "Por isso, o Brasil se transforma em uma história imensa na imprensa holandesa, sinônimo do potencial para atacar e ferir a Espanha. Por causa do sucesso do ataque e da alegria explícita dos holandeses e em toda a Europa – já que este é um dos maiores acontecimentos geopolíticos para o continente nos anos 1620 –, todo mundo no continente fica sabendo da invasão holandesa ao Brasil, com manchetes de capa de jornais na Holanda, na Alemanha, na França, na Itália e na Inglaterra."

De acordo com Van Groesen, da mesma forma como as pessoas atualmente se lembram das torres gêmeas e dos ataques de 11 de Setembro aos Estados Unidos, aquele momento da captura holandesa de Salvador, em 1624, se tornou um momento icônico para as gerações que tinham conhecimento político daquela época.

Apesar disso, a lembrança desse momento acabou se apagando com o tempo. O motivo pelo qual as pessoas na Holanda hoje não sabem nada sobre o Brasil holandês é um paradoxo, o professor explica. A alegria nacional foi tão grande em 1624 e nos anos 1630, quando a expansão militar holandesa ia muito bem e todos no país eram muito otimistas sobre o que estava acontecendo, que passou a ser visto como inconcebível que os holandeses pudessem ter perdido aquela parte do Brasil. Quando isso aconteceu, entretanto, em 1654, foi tão doloroso que o Brasil holandês passou a ser apagado do debate público instantaneamente.

"A partir de 1655, não vemos nada sobre o Brasil holandês sendo mencionado na mídia holandesa. É um rompimento radical com o que havia antes. A perda do Brasil foi tão dolorosa, que precisou ser esquecida rapidamente. Até existem traços da história do Brasil holandês em literatura de educação dos séculos XVIII e XIX, com algum espaço na memória coletiva dos holandeses à época. As pessoas no país sabiam da história, assim como sabiam sobre a Indonésia. No século XIX, entretanto, por conta do nacionalismo cultural e pela procura por uma cultura nacional da qual os holandeses queriam ter orgulho, o Brasil holandês foi sistematicamente esquecido. No fim do século XIX, o Brasil holandês desapareceu dos livros de história da Holanda."

É por conta desse esquecimento que o professor holandês decidiu resgatar essa história. "Meu livro é uma tentativa de contextualizar essa história de Mauricio de Nassau, que os brasileiros conhecem bem, mas que a Holanda não conhece", disse.

Para Van Groesen, Nassau não era uma figura-chave na forma como seus contemporâneos tratavam do Brasil holandês. Na verdade, ele tinha um papel pequeno no que jornais, panfletos e impressões tinham a falar sobre o Brasil holandês, mesmo no período em que ele governava a colônia, entre 1636 e 1644. "Entretanto, ele faz uma campanha pessoal para fazer da memória do Brasil holandês sua própria. É aí que ele começa a pagar a artistas e escritores para registrar suas conquistas no Brasil. Mas ele não era tão crucial para a história política do Brasil holandês como muitas pessoas pensam, e certamente não tão crucial quanto os brasileiros costumam acreditar."

SEGREDOS REVELADOS

O cientista político João Roberto Martins Filho, da Universidade Federal de São Carlos (UFSCar), passou cinco meses, em 2014, realizando pesquisas nos documentos históricos da diplomacia britânica a respeito do que aconteceu no Brasil durante a ditadura. O estudo foi realizado enquanto trabalhava como visitante no King's College London e resultou em importantes revelações sobre a forma de atuação dos militares no poder. A primeira delas foi publicada no livro *Segredos de Estado: O governo britânico e a tortura no Brasil (1969-1976)*, que revela a conivência do governo em Londres com a tortura no Brasil. Em 2018, uma nova revelação dos seus estudos apontou que a ditadura brasileira atuou para abafar uma investigação de corrupção na compra de fragatas (navios de escolta) construídas pelos britânicos nos anos 1970.

Essas revelações ganham peso por conta da importância de arquivos estrangeiros que jogam luz sobre episódios obscuros da história dos anos de regime militar no Brasil. Foi o que aconteceu com a publicação de documentos dos Estados Unidos mostrando que o ex-ditador Ernesto Geisel assumiu a responsabilidade pela decisão de execução de opositores da ditadura – divulgada pelo pesquisador Matias Spektor, também em 2018.

Enquanto o Brasil ainda esconde parte da sua história, os documentos oficiais liberados em outras partes do mundo oferecem indicações de problemas que a ditadura preferiu não mostrar. Nos dois casos, os pesquisadores encontraram comprovação de fatos muito relevantes escondida no meio de milhares de informações, em centenas de documentos.

Segundo Spektor, que é autor do livro *Kissinger e o Brasil*, os historiadores estão batalhando para analisar todos os documentos, mas que isso leva tempo. De forma semelhante, Martins Filho disse, por exemplo, que só conseguiu finalizar a análise detalhada dos documentos dois anos depois de entrar em contato com a pasta pela primeira vez. "Tem muito historiador que tem documentos que podem ser bombas, mas ninguém teve capacidade de analisar tudo até agora", explicou. "Quando cheguei em Kew Gardens [onde ficam os arquivos do governo britânico], me preocupei que não houvesse material suficiente para pesquisa, mas dei de cara com essa pasta, que não sei como ninguém havia encontrado. Ela está disponível desde 2008", disse.

Documentos históricos são analisados também pelo diretor de um dos mais importantes centros de estudos sobre o Brasil nos Estados Unidos, na

Universidade Brown, James Green. Em uma reportagem da *Agência Pública*, ele explicou que lidera um projeto que já digitalizou 35 mil documentos sobre a ditadura no Brasil. "Eu tenho um projeto que se chama Opening the Archives [Abrindo os Arquivos], com uma meta de ter 100 mil documentos abertos. Encontramos mais de mil documentos censurados, vamos pedir a liberação deles ao governo e esperamos que existam novas revelações", disse.

Bem antes da onda de revelações sobre a ditadura, os arquivos históricos do Reino Unido também serviram de base para as obras do jornalista e pesquisador Geraldo Cantarino. Ele analisou mais de setenta pastas de documentos da diplomacia britânica sobre o golpe militar de 1964.

Jornalista com mestrado em Documentário para Televisão pelo Goldsmiths College, da Universidade de Londres, Cantarino mora na Inglaterra há duas décadas e é autor de quatro livros sobre o Brasil a partir da ótica externa: *1964 – A revolução para inglês ver, Uma ilha chamada Brasil, Segredos da propaganda anticomunista* e *A ditadura que o inglês viu*.

Seus livros oferecem um vislumbre de evidências do tipo de informação que pode ser encontrada nos arquivos diplomáticos no Reino Unido. Segundo sua pesquisa, os despachos são ricos em detalhes e expressões usadas para descrever o Brasil. Os documentos, ele argumenta, tratam de assuntos muito diferentes e vão a fundo na descrição dos detalhes da vida social, bem como da política e economia. "É uma história do Brasil contada de inglês para inglês ver – e diplomatas costumam ser verdadeiros quando se reportam aos seus chanceleres", diz.

A pesquisa de Cantarino começou, entretanto, inspirada por um outro livro, sobre períodos anteriores da história do Brasil revelados por documentos estrangeiros. Geneton Moraes Neto e Joel Silveira também oferecem essa análise no livro *Nitroglicerina pura*, sobre documentos secretos do Reino Unido e dos Estados Unidos sobre políticos brasileiros. "Os papéis secretos expõem julgamentos que jamais um embaixador pronunciaria em voz alta, sob pena de causar embaraços diplomáticos, políticos, éticos e até jurídicos", diz Geneton, no livro.

Documentos e depoimentos históricos também ajudam a recompor a ditadura brasileira sob a ótica francesa. Em seu livro de memórias sobre o período em que trabalhou como correspondente brasileiro em Paris, Milton Blay fala sobre as revelações do "homem que conheceu de perto três dos quatro presidentes dos anos de chumbo".

Ele se refere ao general francês Paul Aussaresses, "um criminoso de guerra da Argélia reconvertido em instrutor de oficiais latino-americanos na década de 1970, a quem ensinou a prática da tortura, servindo como adido militar na embaixada da França em Brasília, na pior fase da ditadura brasileira". Antes de morrer, Aussaresses fez uma série de revelações sobre o modo de operação da tortura no Brasil.

Resta tempo e dedicação de historiadores, jornalistas e pesquisadores para analisar tanta documentação e trazer à luz tudo o que continua escondido desde os repressores anos de ditadura no Brasil. Em um momento de crescente tensão sobre a democracia brasileira, a história pode ajudar o país a superar a ascensão de forças autoritárias no país.

3

QUERO SER
GRANDE[3]

ASPIRATIONAL POWER, é o título de um livro publicado nos Estados Unidos em 2016 que resume bem uma das principais características do posicionamento internacional do Brasil. O país é uma "potência aspiracional", diz a obra dos pesquisadores David Mares e Harold Trinkunas. A ideia é que a ambição por poder internacional e ser reconhecido como um dos "grandes" do mundo permeia o posicionamento do país nas suas relações globais. O Brasil aspira a ter um envolvimento mais ativo nas relações internacionais, a adquirir um status mais elevado e a ser reconhecido como um ator importante na arena global.

A principal característica da inserção brasileira no sistema internacional reside no esforço de reforma do status quo. A busca pelo poder, pelo reconhecimento, pelo prestígio internacional e pela mudança do status quo global está na própria formação do Brasil. E o papel da diplomacia brasileira tem sido ligado a tentar captar a realidade externa para interpretar corretamente o mundo e suas oportunidades ao explicar o país para o mundo, fazê-lo ser admirado, digno de atrair apoios políticos, receber capitais, imigrantes e tecnologia, segundo explicou o diplomata Rubens Ricupero em *A diplomacia na construção do Brasil: 1750-2016*.

Há um consenso entre pesquisadores de relações internacionais de que o país há muito busca o reconhecimento internacional como uma grande potência. O Brasil acredita que tem direito a esse status com base em sua percepção dos elementos tradicionais de tamanho continental, recursos naturais e perfil

---

3 Este capítulo foi escrito com base em trechos de trabalhos acadêmicos desenvolvidos durante o doutorado em relações internacionais pelo King's College London e com base em entrevistas publicadas no blog *Brasilianismo*.

econômico. E a busca por status global há muito tempo é parte da estratégia internacional do Brasil e um impulsionador principal do seu alcance global, que tem como objetivo ascender ao clube dos países com maior poder de decisão do mundo.

Desde a formação do Brasil como um país independente, os responsáveis pela formulação da política externa brasileira querem posicionar seu país como líder. Eles dedicam uma quantidade considerável de energia para criticar as injustiças e desigualdades na ordem global e nas instituições de governança internacional. Tudo o que o Brasil faz na política internacional está alinhado com o objetivo de ser reconhecido, indica o pesquisador canadense Sean Burges, no livro *Brazil in the World*.

Essa ambição por status não é um interesse em demolir o sistema existente, mas em mudar o quadro de referência, colocando o Brasil perto do centro das atenções. Isso é percebido como um meio de garantir a autonomia do país e permitir que ele busque o desenvolvimento nacional. O Brasil tenta se posicionar no meio da política mundial, se colocando como uma força benigna e ao mesmo tempo tenta buscar seu objetivo de ser reconhecido como um importante player global. O objetivo brasileiro não é derrubar mesas decisórias, mas ganhar um assento importante, com poder de decisão que permita o avanço de seus próprios interesses, ao mesmo tempo em que retarda iniciativas que vê como adversárias.

Apesar da interpretação unânime sobre as aspirações do Brasil, muitos analistas mais críticos dizem que o objetivo do país é "o poder pelo poder". O Brasil está menos interessado no que poderia fazer com um novo papel e mais preocupado com o status que viria com ele, ou seja, a principal preocupação do país é o próprio reconhecimento.

Para o ex-correspondente do *New York Times* no Brasil Larry Rohter, acima de qualquer interesse, o que o Brasil deseja de suas relações com o resto do mundo é ser reconhecido por sua grandeza e ser respeitado e estimado por outros países. Isso seria interpretado como a confirmação de sua própria crença na grandeza do Brasil. Isso revela que, embora o país acredite na sua grandeza, também é marcado por um forte sentimento de insegurança em seu papel internacional e pela preocupação com a inferioridade – o que geralmente se enquadra na ideia de "complexo de vira-latas".

Isso fica claro nas atitudes brasileiras em relação à ordem global, moldadas por ressentimentos nacionais sobre o passado e pela percepção de que o país está do lado mais fraco de um sistema internacional desigual e discriminador. A posição relativa do país no sistema internacional é, portanto, um dos principais fatores que moldaram a agenda internacional brasileira.

A política externa brasileira é historicamente marcada pela ideia de "Brasil potência". Isto tem estado tão presente na identidade do país que tem sido referido como um complexo de grandeza – um contraponto ao complexo de vira-latas. Isso também levou a uma interpretação da agenda internacional do Brasil como megalomaníaca.

É o que fica evidente em duas pesquisas conduzidas com a comunidade de política externa brasileira em 2001 e 2008, por Amaury de Souza, no Centro Brasileiro de Relações Internacionais (Cebri). Os levantamentos revelam que pelo menos 97% dos entrevistados são a favor de um papel internacional mais ativo, enquanto apenas 1% acredita que o país deve se manter distante dos problemas globais. Isso deixa claras as percepções internas do país, que se vê como candidato a um papel de potência global.

Fontes do governo brasileiro também são unânimes em reconhecer a importância da imagem e do prestígio do país, segundo a diplomata Liliam Chagas Moura, autora de um outro estudo baseado em conversas com profissionais dos setores de comunicação do governo. A pesquisa mostrou que jornalistas e diplomatas que atuam nesses setores têm uma preocupação cotidiana com a gestão da visibilidade no Brasil e trabalham para promover a imagem do país no exterior.

Todos os governos brasileiros, desde que o país se tornou independente, têm compartilhado uma aspiração fundamental de buscar um papel global influente para seu país, dizem estudiosos da política externa brasileira como Ricupero e Burges. Essa autoconfiança vem de um forte sentimento entre os arquitetos da política externa brasileira de que eles estavam corretos em sua avaliação de como o mundo estava mudando. Eles acreditavam que a ordem global dominada pelo Ocidente que emergiu da Guerra Fria era muito estreita, muito instável e muito ilegítima para durar; esse poder estava mudando do centro do mundo ocidental para o leste e o sul, segundo a avaliação do professor de Oxford Andrew Hurrell.

Essa busca de status foi percebida antes mesmo do país se tornar independente, com a chegada da corte portuguesa ao país em 1808 e ganhou relevância a partir de 1822, quando foi proclamado o Império. O Brasil tinha certeza de seu futuro de grandeza e poder. Com o tempo, isso se consolidou como parte da identidade internacional do país e tem sua formação muito ligada à obra do Barão do Rio Branco, que inspirou o estilo de conduta diplomática que caracteriza o Brasil. Assim, o país tem procurado continuamente fazer-se sentir na vida internacional como uma potência que quer ser vista como uma presença global relevante. Essa visão também se baseia no fato de o Brasil se sentir incomodado com a lógica europeia de atribuição inquestionável da governança da ordem mundial às grandes potências. O país não concordou com a distinção proposta entre grandes potências com interesses gerais e potências com interesses limitados, segundo o ex-chanceler Celso Lafer.

Muito antes de Joseph Nye desenvolver seus conhecidos conceitos de "soft power" e "smart power", o Barão do Rio Branco defendeu uma versão prévia dessas ideias. Segundo Ricupero, isso era chamado de "diplomacia do conhecimento" e se refere a atingir os objetivos da nação na política internacional por meio de um trabalho diplomático muito completo, pesquisa, estudo e pela compreensão dos diferentes interesses envolvidos em cada negociação. Desde Rio Branco, a política externa brasileira tem operado com o pressuposto de que o país alcançará projeção internacional por meio dos mecanismos do soft power.

Rio Branco sabia que, na esfera externa, principalmente quando se tratava de países com mais poder, a relativa fragilidade do Brasil exigia outro tipo de abordagem. O diplomata, que é considerado pai fundador da política exterior do país, já acreditava que os meios de persuasão são a única maneira de ter sucesso nas delicadas negociações de uma nação como o Brasil, que ainda não tem forças para impor sua vontade.

Apesar de essa busca por prestígio remontar ao início da história política do Brasil, foi somente na virada do século XXI que ela realmente se fortaleceu como política externa brasileira. Com Fernando Henrique Cardoso e, principalmente, Luiz Inácio Lula da Silva, o país formulou um programa para se tornar mais importante no mundo e deu início a um processo de inserção internacional, por meio de sua participação em fóruns internacionais e multilaterais e da relação com as grandes potências, com diplomatas atuantes em outras regiões e suas intervenções em temas da agenda internacional. Foi por volta da virada do século que o foco no status internacional deixou um discurso puramente diplomático para adotar um conjunto de práticas mais consistente. O Brasil fez uso de sua credibilidade no contexto do multilateralismo para impulsionar consistentemente seus interesses e maximizar seus atributos de potência, ainda que com base no "poder brando".

A busca de status internacional tornou-se mais evidente na retórica diplomática e nas ambições que pautaram a atuação do país nas relações multilaterais e bilaterais. A política externa foi baseada na ideia de mudar a posição relativa do Brasil na escala de riqueza e poder mundial, aumentando rapidamente sua capacidade de influência em diferentes arenas internacionais.

Ao mesmo tempo em que a aspiração foi uma constante na história do país, ela esteve sempre associada à frustração. Por mais que o país tenha vivido um período de pouco mais de uma década de reconhecimento por sua "emergência" no mundo, por mais que tenha aparecido na capa da revista *The Economist* como se estivesse decolando, o status de potência internacional nunca foi alcançado de fato.

Muitos analistas, como os mesmos Mares e Trinkunas, que batizaram o país de "aspiracional", dizem que o Brasil olhou demais para sua projeção internacional e ignorou seus problemas internos. E seria essa capacidade interna de desenvolvimento e organização do país que poderia levar a uma ascensão real do Brasil ao grupo de "grandes poderes". O país acabou sendo seu próprio inimigo e vítima das suas próprias limitações, continuando fadado a viver apenas na ambição de ser reconhecido como uma das maiores potências do mundo.

AMBIÇÃO E FRUSTRAÇÃO

O Brasil sempre quis ser uma potência internacional e defendeu uma ordem global diferente da que existe, mas em muitos momentos acabou "dando um passo maior do que a perna", ou desenvolvendo problemas internos, o que fez o país perder força diplomática, segundo Mares e Trinkunas. Os pesquisadores fizeram esta análise durante entrevista conjunta, por telefone, quando lançaram seu livro sobre a longa história dessa aspiração do país, que nunca conseguiu alcançar totalmente seu potencial, mencionado no início deste capítulo.

Os pesquisadores defendem que o Brasil não quer influenciar a ordem internacional por se achar mais importante do que é. "Ele realmente acha que a ordem internacional tem aspectos negativos sobre a capacidade de se desenvolver, e quer uma ordem internacional diferente, na qual o Brasil tivesse mais voz, o que aceleraria o desenvolvimento do país." Segundo eles, o próprio Brasil e o sistema internacional se beneficiariam de uma maior influência global do Brasil.

O problema dessa aspiração brasileira, segundo eles, é que o Brasil às vezes exagera na tentativa de influenciar negociações internacionais. "O Brasil se mete em problemas quando tenta dar um passo maior do que a perna e alcançar mais do que consegue com seu nível de influência", dizem.

Segundo os pesquisadores, o país nunca atingiu seu objetivo e vai continuar sem atingir enquanto não conseguir criar bases sólidas para suas instituições domésticas, para assim desenvolver com mais força seu poder de convencimento na arena internacional.

Para Trinkunas, o Brasil é visto com uma frustração perene pelos criadores de política nos Estados Unidos, pois eles veem um país que se parece muito com os Estados Unidos – uma nação grande, democrática e multiétnica, com história de integração e tamanho continental, com princípios fundamentais liberais definidos na própria Constituição. "Quando o Brasil expressa valores assim em sua política exterior, os dois países se dão muito bem", diz. Mas há um outro lado nessa relação. O Brasil às vezes defende posturas diferentes, sem ter aliados ou inimigos, tratando os outros países de forma igualitária, com respeito à soberania, contrário ao intervencionismo. Essas aspirações por uma ordem global diferente deixam os Estados Unidos frustrados quando há algum problema internacional como na Líbia, na Síria, no conflito da Crimeia.

Segundo Mares, nem todos os países têm aspirações de ser potência global. Na verdade, poucos países o fazem, pois é preciso ter os trunfos para ter esse tipo de influência. O Brasil se diferencia disso desde o começo, pois desde o Império sempre se viu como tendo direito a um lugar nos conselhos globais de ordem internacional.

O livro *Aspirational Power* começa descrevendo como o Brasil melhorou seu perfil internacional até 2009, mas perdeu força alguns anos depois. O que deu errado? Segundo Trinkunas, a longa crise econômica vivida pelo Brasil a partir de 2014 tinha influência sobre a vida dos brasileiros por vários motivos e demonstrava uma fraqueza de algumas das suas instituições, com prevalência maior da corrupção e problemas do modelo econômico. Na dimensão internacional, como o país enfatizou tanto o soft power em sua estratégia internacional, isso faz com que as instituições domésticas sejam excepcionalmente importantes. "Durante os anos de boom, de 2003 a 2011, o Brasil pareceu ter alcançado essa combinação de democracia, desenvolvimento, redução da desigualdade, crescimento da classe média. Um modelo que era muito atraente para outros países do mundo em desenvolvimento, dando impulso à liderança brasileira em contraste com o modelo chinês ou o Consenso de Washington. O Brasil parecia ter conseguido juntar democracia e desenvolvimento. A crise atual quebrou isso, e faz parecer que o que país construía e mostrava ao mundo não era real."

COMO UM CACHORRO CORRENDO ATRÁS DE UM CARRO

Apesar de toda a ambição brasileira para atingir maior status internacional, estudos sobre a política externa nacional apontam uma contradição nessa aspiração. O país quer ser uma potência, mas ainda não pensou sobre o que quer fazer quando alcançar isso. Chega a parecer que o país quer o status apenas para dizer que tem, segundo algumas avaliações, e a posição seria como a de um cachorro que corre de forma irracional atrás de um carro.

"O Brasil quer ter força na mesa de decisões internacionais. Acho que o problema é que o país não pensou sobre o que quer fazer quando alcançar isso. O Brasil quer ser um líder global, o líder da América do Sul, e a região até aceita isso, mas o Brasil não diz o que quer fazer quando se tornar um líder. O Itamaraty é muito competente em fazer a parte técnica do trabalho internacional, mas parece não haver uma discussão política clara sobre o que fazer agora que o país emergiu na cena global. Falta isso. Falta uma discussão doméstica sobre isso", avaliou o pesquisador Sean Burges, especialista em diplomacia brasileira, em entrevista ao autor.

Burges é autor do livro *Brazil in the World*. Segundo a obra, pode-se observar um "jeito brasileiro" de fazer diplomacia. "O Brasil tem sete táticas usadas por seus diplomatas para gerar consenso e convencer seus interlocutores. Isso vai desde uma abordagem muito suave a uma linha mais dura de negociação. O Brasil quase nunca tem uma posição independente e única na arena internacional e quase sempre coletiviza a abordagem, buscando formar uma coalizão em torno dos seus interesses. Além disso, a tradição legalista do Itamaraty é muito importante e usa muito bem a linguagem e a abordagem tecnocrata para despolitizar questões que podem ser muito políticas. Esse perfil da diplomacia brasileira não muda com alterações de governo e é uma parte intrínseca do Itamaraty. É uma grande vantagem. Mesmo quando o Brasil está vivendo uma séria crise, com incerteza política, o Itamaraty ainda consegue posicionar o Brasil internacionalmente de forma muito eficiente."

Segundo Burges, entretanto, é possível perceber que parte dos esforços de promoção do país esbarra na falta de conhecimento sobre o Brasil. O pesquisador diz perceber isso claramente em Washington, DC., nos Estados Unidos.

"Em certo nível, o desconhecimento é causado por falta de interesse. Se você olhar os interesses comerciais que dominam a agenda presidencial, quase nada da América Latina gera interesse – a não ser, talvez, o petróleo da Venezuela. O Brasil tem uma posição estratégica maravilhosa no Atlântico Sul, está livre de risco de invasão, não faz parte de uma ameaça logística como o Mar do Sul da China e o Oriente Médio. Então o Brasil não aparece no radar estratégico dos Estados Unidos, a não ser que algo dê muito errado ou que haja problemas com tráfico de drogas, tráfico de pessoas ou ameaça terrorista. Não acho que nenhum desses três sejam prováveis", avaliou.

Um dos pontos abordados por Burges é que em 99% das vezes os interesses dos dois países estão alinhados, as intenções estão alinhadas, e não há motivo para as coisas não irem muito bem. Quando há conflito, nunca é nada muito sério. "O que atrapalha é uma falta de conhecimento sobre o Brasil em Washington e um justificado legado de desconfiança do Brasil em relação aos Estados Unidos, por conta do que aconteceu nos anos 1960 e 1970 [referência ao apoio americano ao golpe militar no Brasil]. Esses dois problemas atrapalham o desenvolvimento de políticas e iniciativas que são do interesse dos dois países."

Segundo ele, um exemplo disso é que, para os Estados Unidos, seria ótimo se o Brasil tomasse conta dos temas relacionados à segurança regional, coordenando a luta contra o tráfico de drogas, contra o contrabando e resolvendo problemas regionais para que os Estados Unidos não tivessem que se preocupar com isso. Mas por muito tempo o país relutou em aceitar isso por questões econômicas e históricas, mas também por desconfiança em relação ao verdadeiro interesse dos americanos em esperar isso do Brasil.

EM CIMA DO MURO

A tentativa brasileira de construir mais prestígio internacional para o país, uma prioridade da política externa nacional, historicamente esbarra em uma outra postura frequente assumida pelo próprio Itamaraty. Enquanto o Brasil quer ter mais voz para se envolver em grandes questões globais, observadores externos acusam o país de silenciar e ficar neutro em momentos em que acontecem disputas importantes na política internacional. E o contraste acaba tendo efeitos sobre a presença brasileira no mundo.

Essa neutralidade é um valor da política externa brasileira e faz parte do respeito à soberania e à autonomia de outras nações. Vista de fora, ela costuma frustrar diplomatas estrangeiros que acompanham o país. Para muitos deles, esta postura equivale a ficar "em cima do muro" e pode ser um empecilho para as ambições globais do país.

Esta avaliação é resultado da análise de seis entrevistas com diplomatas britânicos que atuaram no Brasil nas últimas décadas, incluindo três ex-embaixadores. É uma amostra da pesquisa de doutorado desenvolvida por este autor pelo King's College London (em parceria com a USP) e que foi publicada em 2020 em um artigo acadêmico editado pela Revista Brasileira de Política Internacional.

Para diplomatas britânicos, o Brasil tem um discurso de querer ter voz global, mas aparenta nunca querer se comprometer de verdade com nenhum lado em disputas políticas globais. Esse contraste revela "uma contradição entre o que eles dizem que querem e o que eles fazem na prática", segundo um dos entrevistados (todos tiveram seus nomes omitidos no estudo para garantir anonimidade).

Isso é evidente quando se fala sobre o histórico pleito brasileiro por um assento permanente no Conselho de Segurança da ONU. Grandes potências que fazem parte desse fórum precisam estar preparadas para tomar decisões que influenciam o mundo inteiro. Apesar de o Brasil pedir um lugar lá, ele não parece querer decidir sobre os rumos da política mundial.

A pesquisa revela que o olhar externo sobre a agenda internacional do Brasil acredita que, quando o país não toma partido, acaba fazendo mais mal do que bem em política externa. "Se vocês querem ser uma potência global, uma das maiores economias do mundo e querem ter influência política equivalente, vocês precisam estar preparados para tomar partido", disse um dos entrevistados.

O tom mais crítico desses observadores pode ter sido influenciado pelo momento em que as entrevistas foram realizadas. Apesar de o foco da análise ser a postura histórica do Brasil, os depoimentos aconteceram pouco depois do envenenamento de duas pessoas de origem russa em território britânico em 2018. O Reino Unido então responsabilizou o governo russo e ficou frustrado porque o Brasil evitou condenar a Rússia.

Este é um exemplo do comportamento problemático visto pelos diplomatas britânicos. Segundo eles, o Brasil de fato tem muito potencial, além de força política e econômica, "mas está sempre muito assustado, com medo de incomodar as pessoas e escolher lados. O país deveria ser um ator global mais importante do que é, mas por conta da relutância em se envolver, acaba ficando fraco."

A percepção crítica vai além do Reino Unido, entretanto. Em seu livro de memórias, o ex-presidente dos Estados Unidos, Barack Obama, se refere ao Brasil como um país que "geralmente evita escolher lados em disputas internacionais".

A avaliação desse olhar externo a respeito da presença internacional do Brasil é uma tentativa de entender o papel do país no mundo. Por mais que a tradição nacional valorize a busca por prestígio, esse tipo de status internacional depende não apenas da capacidade do país, mas também do reconhecimento dos atores externos.

Ainda que o Brasil não precise nem deva "se curvar" ao que nações mais poderosas esperam dele, é importante entender esse olhar externo para poder desenvolver as melhores estratégias para buscar o interesse nacional na política global.

A partir do olhar britânico, a interpretação é que "o Brasil quer ser visto como um líder sem precisar realmente liderar nada", resumiu um dos diplomatas entrevistados.

UM "ZELADOR" SEM PODER

A variação no status do Brasil ao longo da década de 2010 gerou um debate sobre a posição do país em política internacional. A discussão se centrava entre a ideia da perda de relevância internacional no período, por conta das crises política e econômica, e o argumento de que o país nunca interrompeu a construção da sua influência global. No fundo, talvez os dois estivessem certos.

Em um mundo cada vez mais multipolar, o Brasil está presente e tem voz nas relações internacionais, apesar de não ter força suficiente para tomar decisão prática. É como se o país fosse um "zelador" na ONU, um ator presente, importante e influente, mas sem poder real.

Este debate tem sido frequente entre a academia e a diplomacia. Foi o ponto mais importante de um painel organizado pelo Instituto Brasil do King's College de Londres, em outubro de 2017, para discutir a ascensão, ou declínio, do país no cenário global. No meio da controvérsia e de argumentos de discordância, entretanto, o que se desenhava era um Brasil com relevância internacional, ainda que limitada à falta de força.

De um lado, o embaixador brasileiro Antonio Patriota, ex-ministro das Relações Exteriores do governo Dilma Rousseff, defendia a importância do Brasil no mundo: "O Brasil é um país influente", argumentou. Do outro, o pesquisador Andrès Malamud, da Universidade de Lisboa, autor de um artigo em que aponta a retração do país na política internacional: "Falo em declínio, não em ascensão do Brasil", disse.

Para o primeiro, o mundo estava deixando de viver sob a influência de uma única potência global (os Estados Unidos), e uma nova realidade multipolar abria espaço para uma atuação ainda maior do país. Assim, o fato de o Brasil estar presente no mundo, com embaixadas (à época) em mais de 140 países, e de participar dos principais fóruns internacionais de forma ativa, mostrava que o país tinha importância.

Segundo Patriota, a relevância do Brasil no mundo já foi reconhecida pela ex-secretária de Estado norte-americana Condoleezza Rice e pelo ex-presidente Barack Obama, além da própria ONU.

Na visão de Malamud, nada disso comprova relevância real, e os argumentos não provam que o Brasil de fato tenha poder. "Só há três formas de fazer alguém agir da forma que se quer: o porrete, a cenoura ou a persuasão. Poder militar, poder econômico ou soft power", e o Brasil de hoje não tem nenhum dos três, argumentou. Para ele, o soft power já foi importante para o Brasil sob Fernando Henrique Cardoso e Lula, mas na época o país não tinha mais a presença e a capacidade de convencimento que teve no passado, então o país perdeu relevância global.

No fundo, apesar do tom de contradição, os dois parecem estar certos.

O Brasil de fato tem influência no cenário da diplomacia global em um mundo cada vez menos preso à unipolaridade americana. Participa de eventos, fóruns e debates multilaterais, e tem até mesmo atuação em missões de paz, como a Minustah, no Haiti. É um dos países mais lembrados do mundo e tem boa reputação entre elites das relações internacionais. Mas, de fato, isso não significa que o Brasil tenha poder real.

É como se o país fosse o "zelador" dessa nova ordem multipolar do mundo.

Como o zelador de um prédio, ele está sempre presente, conhece e é reconhecido por todos os moradores, é importante para a organização dos eventos, é procurado para ajudar a resolver impasses, é fundamental para o funcionamento e a manutenção do prédio. Mas, como um zelador, ele pode até influenciar, mas não tem poder de decisão.

Com uma equipe extremamente profissional no Itamaraty, o Brasil está bem representado em todo o mundo. Organizou e sediou eventos importantes, como a Rio+20. É importante signatário da Campanha Internacional para a Abolição das Armas Nucleares, que ganhou o Prêmio Nobel da Paz em 2017. Mas, na hora das grandes decisões, o país continua fora do Conselho de Segurança da ONU, instância mais alta dos poderes globais.

E já que o ponto central do debate é influência, se o Brasil não tem poder militar ou econômico, depende muito do seu poder de persuasão, o soft power. Aqui, mais uma vez, a alegoria do zelador pode funcionar.

Sem poder de decisão, a influência de um zelador de prédio depende do seu "soft power", sua capacidade de negociar interesses, ser diplomata e persuadir os verdadeiros donos do poder a seguir o caminho que acha preferencial.

Se as chances de conquistar poder militar ou econômico no curto prazo não são tão grandes, o Brasil precisa ampliar ou ao menos manter o seu "poder suave", ou "poder brando". Pode não ser tão importante quanto a força real para que o Brasil alcance seu objetivo de ser membro permanente do Conselho de Segurança da ONU, mas ao menos vai tornar o trabalho de "zelador" mais eficiente.

IMPERIALISTA DÉBIL

A presidente da Frente de Resistência à Usina de Inambari, desenvolvida pelo Brasil no Peru, Olga Cutipa, não tem muita simpatia pelos brasileiros: "Basta dos abusos dos brasileiros! Vêm aqui de forma autoritária, falar com as pessoas, sem aviso", esbravejou, em entrevista ao jornalista Fábio Zanini, da *Folha de S.Paulo*.

Olga detesta "a arrogância dos [brasileiros] que aparecem na região tentando apoderar-se de seus recursos naturais". Ou, ao menos, é assim que ela vê as tentativas de empresas brasileiras de fazerem megaobras em seu quintal. A maior vilã é a usina de Inambari, sonho de consumo antigo do Brasil.

O relato faz parte do livro *Euforia e fracasso do Brasil Grande*, em que Zanini percorre alguns dos maiores projetos brasileiros desenvolvidos no resto do mundo a partir do governo de Luiz Inácio Lula da Silva, quando o país buscou expandir sua presença internacional. Enquanto o país vivia um momento de euforia com projetos de empreiteiras em outros países e inaugurava embaixadas pelo mundo, deixava pelo caminho um número crescente de insatisfeitos afetados por esta ambição.

Segundo Zanini, o problema de Cutipa com os brasileiros é um retrato do impacto gerado por essa ambição por um "Brasil Grande" na imagem do país no resto do mundo. A expansão do país fez com que ele passasse a ser associado ao imperialismo.

O livro examina a forma como "o processo de internacionalização do Brasil foi recebido em algumas partes do mundo e como as ações colocadas em prática pelo governo mudaram a percepção do Brasil ao redor do planeta".

Apesar de os principais índices internacionais que avaliam a imagem do Brasil indicarem que o país à época flutuava em torno da 20ª colocação entre os países com melhor reputação do mundo, a avaliação era diferente nas nações afetadas pela expansão brasileira.

"Em diversos locais, nosso país atualmente é mais associado a uma ameaça. A senhora peruana que amaldiçoou parar a hidrelétrica brasileira não está sozinha. Como ela, há camponeses moçambicanos assustados com a concorrência do agronegócio brasileiro, burocratas na Namíbia frustrados com as estripulias de oportunistas no setor petrolífero e moradores de uma periferia em Angola irritados por terem se tornado 'dano colateral' de projetos de uma construtora. Todos eles compõem o retrato do que é hoje o Brasil no mundo", diz.

A avaliação de Zanini é um importante contraponto à visão tradicional sobre a imagem internacional do Brasil. Ele vai no sentido contrário da análise mais comum, que olha para como o país promove sua reputação entre os países mais ricos do mundo, como é visto pela elite ocidental.

Enquanto a interpretação mais popular é de que o país aproveitou o boom das commodities e a política externa iniciada no governo Lula para se promover no resto do mundo e se tornar mais reconhecido, ganhando força como ator global entre as maiores potências do planeta, o livro mostra que isso teve um efeito contrário em partes do mundo mais pobres, que se sentiram exploradas e abusadas pelo Brasil.

"Seria exagero dizer que já não somos mais associados em primeiro lugar a futebol, carnaval e floresta Amazônica. Mas a imagem de país dócil e inofensivo, que carregamos durante boa parte do século XX, essa já se foi há muito tempo", diz o livro.

Ao virar a "bola da vez", o "país da moda" no resto do mundo rico ocidental, a ação brasileira afetou a vida de populações em países de menor força política e econômica global. Essa imagem do Brasil como país "imperialista" é mais recente, destoa do país que "todo mundo ama amar", como dizia uma pesquisa sobre a reputação do Brasil, e é importante para o desenvolvimento de projetos internacionais. Ao buscar se tornar o "país do presente", como o país fez nas últimas décadas, seria interessante não destruir a reputação nos países em que atua.

BATATA QUENTE DOMÉSTICA

A qualidade da percepção internacional sobre o Brasil desabou a partir de 2013. Todos os principais rankings que medem a imagem da nação no resto do mundo mostram que as crises política e econômica nacional afetaram a forma como o resto do mundo vê o país. Especialistas em estudos de percepção externa de nações, o chamado "nation branding", se debruçaram em tempo real sobre esta variação negativa na reputação do Brasil e perceberam que ela refletia diretamente os problemas internos enfrentados pelo país. A questão, segundo eles, é que o país teve tantos problemas, que tudo isso afeta a percepção externa.

"Como o Brasil tem tantos conflitos internos, impeachment, instabilidade econômica, tudo isso afeta a percepção. Não há dúvida de que o Brasil tem os recursos e o potencial para ser uma das dez primeiras nações do mundo. Mas essas questões que continuam aparecendo na política e na economia atrapalham", avaliou o pesquisador de marketing de países David Reibstein, um dos principais especialistas do setor. "Cinco anos atrás o Brasil parecia ser o melhor lugar para se investir, mas os problemas políticos e a corrupção foram um grande retrocesso", disse, em 2017.

Reibstein é professor de marketing da Wharton School, na Universidade da Pensilvânia. Especialista em desenvolvimento de métricas para análise de marcas, ele participou do desenvolvimento e análise de dados do ranking Best Countries. Este índice mede a percepção internacional sobre vários países e indicava à época que o Brasil tinha a 28ª melhor imagem do mundo (uma queda de oito posições em menos de dois anos), com excelente reputação como destino de turismo (quesito Aventura), mas com avaliação negativa quanto à qualidade de vida no país.

De acordo com Reibstein, a melhor forma de mudar a percepção do mundo sobre o Brasil é corrigir os problemas internos, buscar a estabilidade e evitar novas reviravoltas. "Percepções são importantes, e vai demorar para que o Brasil consiga mudar as percepções internacionais sobre o país, pois este tem sido um problema constante no Brasil". Reibstein desenvolveu um trabalho para medir o impacto da marca de um país na economia. Segundo ele, tradicionalmente, a melhora de 1 ponto em uma métrica de força de marca de um país significaria um ganho anual de até 6,5% no seu Produto Interno Bruto.

O índice Best Countries colocou em várias edições o Brasil como o melhor país no quesito "Aventura", mas avalia mal o país em termos mais sérios, como qualidade de vida e ambiente de negócios. Segundo Reibstein, isso acontece porque todas as imagens que são mostradas incluem a foto do Cristo Redentor, no Rio, de praias ou do carnaval, e talvez algo da Amazônia, e isso marca o olhar externo sobre o Brasil. "Para pessoas que não conhecem o país, quando perguntam a elas qual seria o lugar mais empolgante para visitar, elas pensam no Brasil. É uma aventura. Isso não tem relação com negócios, mas pode estar relacionado com o turismo, e poderia ajudar a atrair visitantes ao Brasil."

Segundo ele, o fato de o país ser percebido como um destino de aventura não precisa significar que vai ser um lugar com problemas na área de negócios. "Quando olhamos para o ranking, Itália e Espanha são segundo e terceiro lugar no quesito aventura. Por mais que eles não sejam os melhores lugares do mundo para negócios, também não vão mal. Acho que o Brasil não deveria fugir do rótulo Aventura. A imagem de aventura é benéfica em termos de turismo, o que gera impactos significativos na economia. Isso não significa, entretanto, que o país não deva se preocupar com as outras dimensões da sua percepção internacional, que também são importantes."

Se as crises econômicas e políticas em que o Brasil mergulhou nos anos 2010 tiveram um impacto forte na reputação internacional do país, isso aconteceu também porque ele precisou concentrar a atenção em sua instabilidade doméstica e acabou deixando de lado esforços para se projetar externamente. O Brasil se perdeu em seus próprios problemas e se transformou em um país que não atua tão intensamente para melhorar o mundo, segundo a avaliação do Good Country Index (GCI), índice que mede o quão "bom" cada país é para o planeta.

"O Brasil tem lidado com problemas internos, que tiraram atenção do papel do Brasil no mundo. O país precisa se recuperar e voltar a dar atenção para qual o papel que tem no mundo, e como pode contribuir para a humanidade e o planeta", explicou o pesquisador Robert Govers, responsável pela análise de dados usados no GCI, em entrevista.

Govers é um dos principais pesquisadores do mundo em estudos sobre "place branding", análises que tratam a imagem de lugares como se fossem marcas. Ele é diretor da associação internacional de acadêmicos da área

(IPBA, sigla em inglês) e desenvolveu a análise de dados do GCI ao lado de Simon Anholt. Segundo ele, a contribuição de um país para o planeta tem uma correlação de cerca de 80% com a qualidade da reputação do país no mundo. "Ou seja, quanto mais os países trabalham para o bem da humanidade, maior a probabilidade de o país ter uma boa reputação internacional. É um nível muito alto de correlação. Países são admirados pelo que fazem, não pelo que dizem sobre si mesmos. Esse é o caso de grandes eventos globais. O que melhora a imagem não é fazer uma grande festa, mas como o evento vai ajudar o país e o mundo, posicionando o país de forma relevante para o resto do planeta", disse.

Em sua avaliação, por conta da cobertura que a imprensa internacional fez das crises internas do país, a realização das Olimpíadas e da Copa do Mundo no Brasil não teve o efeito esperado de promover o país, e acabou atrapalhando a imagem internacional do Brasil. "É uma vergonha que o país tenha gastado tanto dinheiro em grandes eventos e a imagem tenha piorado [...] O Brasil não foi o único país a passar por isso. Vimos casos parecidos com a Rússia e a África do Sul, países que acreditaram que realizar eventos bem-sucedidos melhora a reputação. Aí os holofotes ficam sobre o país por um tempo, mas os jornalistas preferem histórias negativas a histórias positivas e procuram problemas, que acabam tendo muita atenção no mundo. Quando se realizam grandes eventos, é preciso pensar numa forma de melhorar a realidade do país, pois a imprensa não vai procurar só mostrar coisas boas", explicou.

O GCI mostrou em 2017 uma grave queda do Brasil no ranking global, refletindo essa piora na inserção internacional do país e, consequentemente, da sua imagem global. O que gerou maior mudança do Brasil à época foram um atraso no pagamento de contribuições à Unesco e a falta de pagamento a missões de paz da ONU. São dois pontos que eram positivos para o Brasil nas edições anteriores e que se tornaram muito negativos. Isso resultou na enorme queda do país em alguns dos pontos centrais da análise. As dimensões da Cultura e de Paz e Segurança foram as que mais afetaram a posição do Brasil. Entretanto o país também caiu posições em quase todos os outros quesitos analisados, o que indica que houve uma mudança geral na postura do país.

Govers rejeita a ideia de que pensar no que os países fazem de positivo para o mundo possa ser uma interpretação ingênua das relações internacionais. "É uma ideia grande e desafiadora, e vai ser um fenômeno gigantesco se pudermos fazer com que governos e populações passem a pensar no impacto global de suas ações. Temos trabalhado com governos internacionais há muito tempo e vimos que há decisões políticas que precisam ser pensadas de uma perspectiva internacional, buscando formas de colaboração global e avaliando o impacto das decisões no exterior. É um grande desafio, mas pode ser alcançado. Uma perspectiva menos egoísta sobre o que países fazem."

4

PARA GRINGO VER [4]

UMA FAMOSA PUBLICIDADE DE REFRIGERANTE por anos propagou no Brasil a ideia de que imagem não é nada. Em muitas discussões sobre a percepção externa a respeito do país, não é raro ouvir comentários questionando o interesse e perguntando "quem se importa?". Ainda assim, este livro reúne dezenas de artigos, crônicas e entrevistas falando sobre a imagem do Brasil no exterior, e aponta motivos por que ela é, sim, muito importante para o país, para suas relações diplomáticas, sua economia e até política.

Mais do que argumentos sobre a relevância do assunto, este capítulo tenta mostrar que, além de ser um tema importante, os brasileiros se importam, e muito, com o que é dito a respeito do seu país no resto do mundo. Desde a grande audiência dada ao trabalho que a mídia faz de relatar o que sai sobre o Brasil na imprensa estrangeira, passando por discurso de autoridades, pela popularidade de frases ditas por "gringos". Tudo o que diz respeito à imagem do país chama a atenção dos brasileiros.

Este capítulo analisa este interesse e tenta entender o que gera essa "obsessão", como chamo em alguns pontos. Ele mostra os registros históricos de tentativa de promover a imagem do país, reúne comentários e análises de buscam explicar por que a preocupação existe – seja por insegurança, narcisismo ou pura curiosidade – e por que o Brasil se diferencia de outros países nessa questão.

Parafraseando o cantor de brega Falcão, imagem pode não ser tudo, mas para muitos brasileiros ela é 100%.

---

4 Este capítulo foi escrito com base em posts publicados no blog Brasilianismo e em pesquisas acadêmicas realizadas no King's College London.

"I SAW YOU SAYING"

Em novembro de 1889, assim que os militares tomaram o poder e declararam que o sistema político brasileiro se tornaria uma república em vez da monarquia, o novo governo estabelecido ajudou a promover na imprensa britânica as notícias de que o país não seria desestabilizado pela mudança do regime.

Enquanto os brasileiros ainda estavam tentando entender o que iria mudar no país de tamanho continental com infraestrutura insuficiente (mesmo para os padrões do século XIX), as novas forças no poder sentiram que era necessário promover a imagem internacional de estabilidade. Havia rumores em mercados de ações na Europa indicando que o Brasil desvalorizaria seus títulos – e o país já dependia do preço de suas commodities na Europa, particularmente no Reino Unido –, então era preciso lidar com essa percepção. Tínhamos que nos preocupar com o que o mundo pensava de nós.

Esse momento particular da história representa muito do caráter nacional. Já nos preocupávamos com o que os outros pensavam e diziam sobre nós.

Mais de dois séculos mais tarde, em 2016, quando os promotores exigiram a prisão do ex-presidente Luiz Inácio Lula da Silva, o motorista de Uber que me transportava em São Paulo não pôde deixar de reclamar que "isso é ruim para a nossa imagem". Nós nos importamos muito.

Essa obsessão começou antes mesmo de nos tornarmos um país. Quando a família real portuguesa se mudou para o Brasil para fugir de Napoleão, em 1808, o Brasil ainda era apenas uma colônia europeia, mas os portugueses trouxeram artistas e cientistas estrangeiros para ajudar a promover na Europa seu território no Novo Mundo. Após a declaração de independência, em 1822, o Brasil buscou reconhecimento internacional como uma nova nação soberana. O país sentiu que precisava dessa aceitação externa para consolidar e legitimar a independência e evitar novas tentativas de dominação estrangeira. Mais tarde, quando as nações mais ricas do mundo se reuniram nas Exposições Universais, no século XIX, o Brasil também estava lá tentando convencer o mundo de que éramos uma nação "moderna" e "progressista". Até participamos da Segunda Guerra Mundial, como meio de afirmar um papel importante nos assuntos globais.

Mesmo com todo esse esforço, anos depois, na década de 1950, o ministro das Relações Exteriores à época, Oswaldo Aranha, ainda escreveria que o Brasil era "incompreendido" pelo resto do mundo. O argumento é o mesmo usado por um artigo de um jornalista brasileiro que, em 2016, depois de ler sobre o carnaval brasileiro no *New York Times*, escreveu que o repórter estrangeiro "não entendeu o Brasil". Ele reclamou que a visão dos repórteres de nosso país pode ser enganosa para os leitores e levar a opiniões desinformadas sobre o Brasil.

Reclamar que os estrangeiros não nos entendem é um esporte nacional. Desejar ser reconhecido e elogiado pelo resto do mundo é um sonho pátrio. Revoltar-se contra críticas (que consideramos desnecessárias) é uma obrigação moral. Como alguém ousa nos criticar?

Nós nos revoltamos contra "Os Simpsons" por dizer que havia macacos em nossas cidades. Rebelamo-nos contra Sylvester Stallone, depois que ele fez uma piada sobre o país ao filmar aqui, e fizemos isso de novo quando o falecido comediante Robin Williams disse que éramos corruptos e que "compramos" as Olimpíadas de 2016 com "prostitutas e cocaína".

Em 2016, o dono de um café na Irlanda ouviu a revolta do povo brasileiro. Depois de brincar que um brasileiro que se candidatou a um emprego no local usou equivocadamente o termo "frango" (chicken) quando deveria ter dito "cozinha" (kitchen), nosso exército virtual foi chamado para reagir na página do café em redes sociais, chamando-os de xenófobos e diminuindo sua pontuação na avaliação. O comentário era apenas uma piada, mas os brasileiros viram isso e se sentiram ofendidos. Estamos prestando atenção ao que o mundo diz e reagimos.

O mesmo tipo de orgulho e sensibilidade excessiva pode ser percebido em nossos líderes políticos. O ex-presidente Lula comemorou quando o Brasil conquistou o Grau de Investimento, como se a economia global tivesse finalmente despertado para o fato de o Brasil ser importante. Alguns anos depois, quando o país foi rebaixado, ele disse que o status perdido não significava nada e que as agências não tinham autoridade para julgar o Brasil.

É engraçado que, ao mesmo tempo, parecemos ser os primeiros a reclamar de nosso país e de nós mesmos. Como diz uma famosa piada: "Deus fez do

Brasil a terra mais perfeita do mundo", estamos acostumados a brincar. "Mas olhe para o povo que eu vou enviar para lá", explicou irônico o Todo Poderoso.

Parece que pensamos que somos os piores, mas só nós podemos fazer brincadeiras com isso.

É claro que reclamamos do Brasil o tempo todo e dizemos as piores coisas do nosso país. Mas o fato é que, como brasileiros, sentimos que temos direito a isso. Podemos dizer o que quisermos sobre nossa nação, mas não ficaremos felizes em ouvir as mesmas críticas de estrangeiros. Este tipo de comportamento foi tema de uma outra campanha publicitária, de chinelos populares no país. É como fazer parte de uma família. Você sempre pode chamar seu irmão de preguiçoso, mas, se alguém fizer o mesmo, você terá que defendê-lo. E esse pode ser o momento em que os brasileiros ficam mais patriotas. É quando levantamos argumentos –péssimos – como o "ame-o ou deixe-o".

É difícil explicar o motivo dessa obsessão pela imagem do país. É comumente entendida como o que o dramaturgo Nelson Rodrigues chamou de "complexo de vira-latas", a inferioridade com que o brasileiro se coloca, voluntariamente, diante do resto do mundo. O sociólogo José Luiz Passos concorda com essa teoria. Quando um brasileiro se vê representado, isso valida sua posição, explica Passos. Mas talvez a melhor análise para isso venha do analista de geopolítica e estrategista de assuntos internacionais George Friedman. Em uma entrevista ao autor, em 2010, ele usou um argumento semelhante ao usado para entender os Estados Unidos. O Brasil é uma nação adolescente, explicou. Com apenas cinco séculos de história, atua como um jovem inseguro, sem ter certeza de sua própria personalidade e cultura. Daí o seu esforço permanente para atrair a atenção dos outros, de ser compreendido, a agonia de ser mal interpretado e a fúria de se sentir maltratado.

OBSESSÃO EXPOSTA

Em agosto de 2016, enquanto o Brasil sediava as Olimpíadas, um caso de polícia evidenciou de forma transparente o complexo de vira-latas da população e sua obsessão pela imagem internacional do país.

No início da segunda semana dos Jogos no Rio de Janeiro, um jornal norte-americano publicou a notícia de que o nadador Ryan Lochte, daquele país, havia sido assaltado durante a madrugada. Lochte contou que ele e um grupo de amigos haviam saído de uma festa na Zona Sul do Rio e, enquanto voltavam para a Vila Olímpica, haviam sido parados por homens que se diziam da polícia, que mostraram distintivos, apontaram armas para sua cabeça e roubaram seu dinheiro.

O nadador havia acabado de ganhar uma medalha de ouro no revezamento, e a notícia do assalto se tornou um escândalo. Veículos de imprensa de todo o mundo destacaram o relato de Lochte, enquanto descrevia-se o cenário de violência e caos no Rio de Janeiro, incapaz de proteger até mesmo os atletas internacionais, mesmo com milhares de soldados convocados para ajudar na segurança da cidade.

Entre os brasileiros, a vergonha tomou conta. Nas redes sociais não faltaram lamentos e reclamações da população local, constrangida por ver um estrangeiro sofrendo o que tantos brasileiros sofrem e por acompanhar a crítica internacional à falta de segurança no país.

Poucos dias depois, entretanto, tudo mudou.

Uma investigação da Polícia Civil do Rio de Janeiro revelou que os nadadores mentiram, e que o assalto nunca acontecera. Vídeos de câmeras de segurança de um posto de gasolina mostravam os atletas depredando o banheiro do local, na Barra da Tijuca. Antes do fim da mesma semana em que o caso surgiu, os nadadores admitiram a mentira, e Lochte pediu desculpas.

Entre os brasileiros, a vergonha e o constrangimento se transmutaram em indignação e numa reação raivosa.

Como se o Rio de Janeiro fosse uma cidade livre da criminalidade, a população do país ficou ofendida com a acusação de que um estrangeiro pudesse ter sido assaltado, e se sentiu violentada pela mentira.

"A população se sentiu humilhada pelas mentiras e sentiu que a imagem tinha sido manchada no exterior", disse Mario Andrada, diretor de comunicação do Comitê Rio 2016, organizador da competição, resumindo o sentimento nacional. "É como um ditado que a gente tem aqui, sobre o tamanho das pernas. A mentira tem perna curta. A população precisa ter mais orgulho da nossa imagem no exterior."

Por quase dois dias o caso ofuscou até mesmo as competições olímpicas e se tornou o principal assunto no país. Essa forte reação do Brasil e dos brasileiros ao caso do nadador americano é um reflexo da obsessão nacional pela reputação internacional do país e da baixa autoestima, ao ver notícias negativas sobre o país no resto do mundo.

Segundo o jornalista e escritor norte-americano Alex Cuadros, ex-correspondente da *Bloomberg* no Brasil e autor do livro *Brazillionaires,* essa peculiaridade cultural do país, que se preocupa com a reputação que tem no mundo desenvolvido, é uma justificativa para a dimensão que o caso tomou.

"A intensidade das reações – tanto as oficiais quanto as extraoficiais – também aponta para uma peculiaridade cultural maior. Há tempos é comum que os brasileiros fiquem obsessivos sobre o que o mundo desenvolvido pensa deles. Mesmo quando as Olimpíadas não estavam acontecendo, a mídia local constantemente publica reportagens sobre o que veículos americanos e europeus estão dizendo sobre o Brasil". Lochte sem querer "tocou o terceiro trilho" da identidade nacional [expressão usada nos Estados Unidos para se referir a assuntos polêmicos que podem acabar com carreiras públicas], avaliou Cuadros em artigo publicado na revista americana *The New Yorker.*

Em entrevista ao autor, Cuadros avaliou que a obsessão com a imagem do país estava presente na própria candidatura do Rio a sediar as Olimpíadas. Ele lembrou que o ex-presidente Lula queria que o Brasil mostrasse ao mundo que era um país de "primeira classe". "Assim como têm orgulho do samba, do carnaval e do futebol, brasileiros esperavam mostrar ao mundo que seu país é mais do que isso", argumentou.

Ele destaca a importância do "complexo de vira-latas" no país e diz que o Brasil tem um tipo de "excepcionalismo invertido", marcado por baixa autoestima, na qual os brasileiros são os primeiros a indicar os problemas nacionais. "Mesmo com todos os recursos naturais e tamanho continental, o Brasil sempre parece ficar aquém do seu potencial, nunca conseguindo encontrar seu lugar no clube das nações desenvolvidas", escreveu.

Nesse contexto, enquanto as Olimpíadas aumentaram a visibilidade internacional do país e propagaram notícias negativas sobre ele no resto do mundo, "o caso Lochte se encaixou perfeitamente", disse.

De fato, a notícia sobre o assalto aos nadadores, divulgada com destaque internacional no início da semana, ajudou a divulgar uma imagem de um país incapaz de proteger mesmo os atletas no evento global. A violência brasileira foi estampada nos principais jornais do mundo, "manchando a imagem do país".

Em compensação, a revelação de que os americanos mentiram aparenta ter ganho um destaque igual ou maior em todo o mundo. A própria revista *The New Yorker* publicou uma correção de uma charge divulgada durante a semana. No desenho original, nadadores tentam reconhecer suspeitos do outro lado de vidro de uma delegacia. Na versão atualizada, o policial comenta que os nadadores estão do lado errado do vidro, dando a entender que os suspeitos são eles mesmos.

Isso ajuda a mostrar que "em países sérios, você não pode mentir para polícia e escapar com isso", como argumentou o especialista em América Latina do centro de pesquisas Council of the Americas, em Washington, Brian Winter.

Por outro lado, alguns analistas internacionais achavam que o Brasil exagerou na sua reação ao caso, como a colunista Nancy Armour, do jornal americano *USA Today*. Depois de publicar um texto inicial em que dizia que a veracidade da história de Lochte era "irrelevante", ela continuou criticando a polícia do Rio, mesmo depois de os nadadores admitirem que mentiram e pedirem desculpas.

Segundo ela, mesmo que Lochte seja culpado por mentir, a polícia brasileira errou a dose ao tratar a falsa denúncia como um "crime capital". "Se ao menos a polícia se preocupasse tanto com o mal realizado contra seus cidadãos todos os dias", disse, citando dados da violência da cidade.

De forma semelhante, mas mais bem articulado e embasado, o colunista da *BBC Brasil* Tim Vickery defendeu que a criminalidade real do Rio não deve ser escondida. "É por esse motivo que uma cobertura exagerada sobre esse assunto é preferível a uma que procure minimizar os perigos. As maiores vítimas da violência são os próprios cariocas. E os ricos têm mais possibilidade de se proteger, nos seus condomínios fechados e espaços privados. Quem sofre mais são as pessoas normais", escreveu.

UMA JUSTIFICATIVA FILOSÓFICA

Demorou mais de uma década estudando o tema para que, finalmente, encontrasse explicações filosóficas e em psicologia social que dessem conta do interesse brasileiro em querer se ver representado e reconhecido no resto do mundo.

O desejo de reconhecimento, a defesa da honra e do espírito, surgiram nas primeiras obras da filosofia ocidental e são mencionados desde a República de Platão (como *thymos*), e também está presente nas obras de autores como Maquiavel (desejo de glória), Hobbes (orgulho), Rousseau (*amour propre*) e até Nietzsche. Max Weber discutiu o desejo das pessoas (e dos Estados) de ter seu valor superior reconhecido. O economista e sociólogo Thorstein Veblen também reconheceu a importância da avaliação externa sobre cada pessoa. "O desejo de reconhecimento é a parte mais especificamente política da personalidade humana porque é o que leva os homens a quererem se afirmar sobre os outros homens e, assim, entrar na condição de 'sociabilidade associal' de Kant", explica Francis Fukuyama.

É com Hegel, porém, que a ideia ganha destaque como um dos conceitos mais fundamentais, visto que sua noção de reconhecimento é discutida como talvez sua principal contribuição para a filosofia prática. A ideia da luta pelo reconhecimento apresentada por Hegel foi descrita como o motor da história.

Em *A fenomenologia do espírito*, Hegel reforça a ideia de que o reconhecimento externo é fundamental para a formação da própria identidade. A autoconsciência, explica, existe em e para si mesma, quando e pelo fato de que existe para outrem. Cada um é para o outro o meio termo, continua ele, e cada um reconhece que se reconhece mutuamente.

Um dos intérpretes mais influentes de Hegel, Alexandre Kojève explica que todo desejo humano é o desejo de reconhecimento e prestígio. Para Hegel, os humanos só se tornam humanos de verdade na medida em que são reconhecidos como tal pelos outros. Assim, o reconhecimento social é o que distingue os humanos dos animais e do resto da natureza.

Para Hegel, o reconhecimento de uma coisa a torna real. O ser humano chega a correr risco de morrer para obter reconhecimento como superior, obter respeito, honra, prestígio. E isso vai além da necessidade de intersubjetividade e no que se refere ao reconhecimento por parte das instituições, e mesmo do Estado, como algo para tornar a realidade como ela é.

Hegel argumenta que os humanos têm necessidades e desejos naturais por objetos fora de si, e diferem dos animais porque desejam o desejo de outros homens, que é comumente lido como um desejo de ser reconhecido como um ser com um certo valor. Isso fica evidente no fato de que os humanos abandonam os instintos de autopreservação e arriscam suas vidas na luta pelo prestígio, na batalha que dividiu a sociedade em classes de senhores e escravos. Para Hegel, o que realmente satisfaz o ser humano não é tanto a prosperidade material quanto o reconhecimento de seu status e dignidade.

Indo além da perspectiva individual, Fukuyama argumenta que a discussão de Hegel sobre a luta por reconhecimento oferece uma visão sobre a natureza da política internacional, e pode ser replicada no nível dos Estados, onde as nações como um todo buscam o reconhecimento e entram em batalhas sangrentas pela supremacia no mundo da política de poder.

Analisando a luta pelo reconhecimento em Hegel, o professor do King's College London Richard Ned Lebow argumenta que a psicologia política do reconhecimento foi, desde então, estendida às relações internacionais, onde os estados subordinados são considerados como tendo baixa autoimagem e baixa autoestima.

Nas relações internacionais, o reconhecimento é frequentemente usado para se referir a um ato social, por meio do qual um ator se constitui como um sujeito com posição social legítima em relação a si mesmo. Por meio do reconhecimento, o "outro" ator passa a contar.

Em uma abordagem ainda mais recente, a pesquisadora Michelle Murray argumenta que, quando um Estado é reconhecido, sua identidade e status na ordem internacional são garantidos.

Da sociologia à psicologia, status também é o foco de estudos de psicólogos sociais que trabalham com a Teoria da Identidade Social (TIS), que fornece uma ligação entre teorias psicológicas individuais da emoção e coletividades. Os grupos sociais lutam por uma identidade positivamente distinta, e a TIS oferece hipóteses sobre as estratégias de gestão de identidade usadas pelos grupos para melhorar sua posição relativa.

Na psicologia social, TIS é a base do estudo da interação entre as identidades pessoais e sociais. A teoria foi desenvolvida a partir de uma série de estudos conduzida pelo psicólogo social britânico Henri Tajfel, no início dos anos 1970. Originou-se da convicção de que pertencer a um grupo pode ajudar as pessoas a incutir significado em situações sociais. Aplicado às relações internacionais, argumenta que a filiação nacional – ou identidade – ajuda as pessoas a determinar quem são, como se relacionam com os outros e qual é o seu lugar na sociedade.

De acordo com Tajfel, grupos são uma fonte importante de orgulho e autoestima e oferecem às pessoas um senso de identidade social, de pertencer ao mundo social. Isso leva a uma divisão do mundo em "eles" e "nós" com base em um processo de categorização social. Depois que as pessoas se categorizam como parte de um grupo e se identificam com esse grupo, elas tendem a comparar esse grupo com outros grupos a fim de aumentar sua autoestima.

Aplicar o conceito de identidade social às relações internacionais faz sentido quando se considera que a teoria argumenta que a motivação para estabelecer uma identidade social positiva está na raiz do conflito intergrupal, já que membros de grupos desfavorecidos se esforçam para melhorar a posição social de seu grupo, e membros de grupos favorecidos visam proteger e manter sua posição privilegiada. Assim, a busca por status internacional pode ser considerada como origem de guerras e conflitos.

Mais recentemente, uma nova abordagem enfocou mais profundamente a importância do status nas relações internacionais. Com base nos trabalhos dos psicólogos sociais, Deborah Welch Larson e Alexei Shevchenko aplicaram a TIS às disputas entre países em busca de status e reconhecimento internacionais, com foco especialmente no comportamento da Rússia e da China. Esta abordagem afirma que as aspirações de status de um Estado estão mais intimamente ligadas à sua identidade do que às suas capacidades. Cada país busca status mais elevado a partir da necessidade de autoestima coletiva.

Apesar de serem abordagens fundamentais da filosofia, da sociologia e da psicologia, nada desses estudos é específico sobre o Brasil, e indica que todos os países do mundo têm interesse em conquistar prestígio e uma boa imagem no mundo.

Um livro lançado em inglês, em 2020, entretanto, reuniu as principais perspectivas relacionadas à questão da busca do Brasil por prestígio e uma boa imagem internacional. *Status and the Rise of Brazil* (Status e a ascensão do Brasil) é uma coletânea de artigos acadêmicos que reforçam a ideia de que o Brasil tem um longo histórico de busca por reconhecimento internacional, e isso pautou muito do seu comportamento em política externa desde sempre.

Uma explicação possível para o caso específico do Brasil pode vir também de buscas por explicações para a ansiedade que as pessoas têm para obter status. O tema é foco do livro *Desejo de status*, de Alain de Botton, que argumenta que essa ansiedade de status possui uma capacidade excepcional de inspirar tristeza nas pessoas – e talvez também nos países.

A ansiedade de status, ele explica, é uma preocupação capaz até mesmo de arruinar longos trechos das vidas das pessoas. Isso porque elas não se conformam com os ideais de sucesso estabelecidos pela nossa sociedade e passam a viver privadas de dignidade e respeito por se sentirem sempre ocupando um degrau mais baixo do que acham que merecem. Assim como Hegel, Botton alega que o status é fundamental porque a autoconcepção depende muito do que os outros fazem de si. A dificuldade em alcançar prestígio leva a um sentimento de humilhação e de não ter sido capaz de convencer o mundo de seu valor.

Sendo assim, todos os países (e as populações inteiras nesses) têm interesse em ver seu status elevado nas relações com o resto do mundo, mas alguns países naturalmente têm uma ansiedade maior em querer alcançar este reconhecimento e sentem uma frustração, uma humilhação maior quando não veem este objetivo alcançado.

5

VITRINE E
ESPELHO[5]

A MÍDIA INTERNACIONAL É VITRINE E ESPELHO DO BRASIL. Ela mostra o que acontece no país para o resto do mundo e tem um forte papel em moldar a percepção que estrangeiros têm do país, enquanto também reflete uma interpretação da nação e da própria identidade brasileira.

Segundo o pesquisador chileno César Jiménez-Martínez, é impossível entender a imagem de qualquer nação sem a mídia. Isso vale para e qualquer mídia, diz, e não apenas o jornalismo. "Filmes, séries de TV, videogames, redes sociais e assim por diante são a base que pessoas de todo o mundo usam para formar suas impressões de um espaço geográfico, um Estado e uma comunidade humana – como a chamada 'Brasil' –, impressão que pode confirmar ou contradizer suas experiências diretas", explicou, em uma entrevista ao autor, em 2020.

Autor de *Media and the Image of the Nation during Brazil's 2013 Protests* (Mídia e a imagem da nação durante os protestos de 2013 no Brasil), livro sobre as relações entre imprensa e imagem nacional, ele explicou que mesmo quem nega a importância dessa mídia é influenciado por ela. "Não importa o nível de desconfiança em relação à mídia, pessoas de diferentes níveis – turistas, investidores, políticos e muitos outros – tomarão decisões sobre o Brasil parcialmente com base no que aparece na mídia", completou o pesquisador chileno.

Os textos reunidos neste capítulo refletem sobre esta relação entre o Brasil e a mídia internacional, analisando como o país é retratado e o grande interesse da população por esta exposição no resto do mundo.

---

5   Os textos deste capítulo foram escritos a partir de posts do blog *Brasilianismo* e reportagem do autor na revista *Problemas Brasileiros*.

ESPELHO, ESPELHO MEU

"Deu no *New York Times*, deu no *New York Times*", repetia o cantor Jorge Ben Jor no início dos anos 1990, no refrão do que se tornaria uma de suas músicas mais famosas: "*W/Brasil*". A afirmação simples sobre a repercussão externa de algo que aconteceu no país, de uso comum entre a população, é reveladora de uma característica marcante do Brasil. Ela reflete a relação de interesse dos brasileiros pelo que a imprensa internacional diz a respeito do país: O que é relevante aparece na mídia estrangeira. O que aparece nos jornais do resto do mundo é importante.

Seja a cobertura do *New York Times*, a capa da *Economist* mostrando o Cristo Redentor decolando como um foguete, os editoriais do *Guardian*, as análises do *Monde* ou as imagens mostradas pela *CNN*, o fato é que a atenção e preocupação com a imagem do Brasil na imprensa internacional são uma constante na história do país. De forma quase obsessiva, os brasileiros acompanham na vitrine internacional os reflexos do que acontece na sua vida pelas lentes de quem vê a nação de fora, como um espelho da sua própria realidade.

Durante os anos de crescimento e estabilidade, isso significou comemorar capas de publicações importantes. Com a crise política e econômica recente, viu-se que o tom adotado para descrever o país se tornou mais negativo. E a partir do acirramento das disputas políticas no Brasil no fim da década de 2010, o interesse brasileiro se converteu ainda em uma batalha pela narrativa internacional sobre o que acontece no país. No impeachment de Dilma Rousseff e na prisão de Luiz Inácio Lula da Silva, por exemplo, houve um forte interesse em torno do que se dizia a respeito do país no resto do mundo.

Segundo Ciro Dias Reis, presidente da agência que realiza levantamento sobre o que a imprensa internacional diz a respeito do Brasil, esse interesse é justificado porque existe uma tendência no Brasil de se valorizar o que se faz lá fora. "É uma característica muito comum no país. Sempre procura-se saber o que está acontecendo nos Estados Unidos, na Europa. Existe esse olhar para fora. Isso (que se fala sobre o país na imprensa estrangeira) é um desdobramento dessa cultura."

O editor-executivo da *BBC Brasil*, Caio Quero, faz avaliação parecida. Segundo ele, um dos motivos para isso é o fato de o Brasil sempre ter buscado um modelo externo. "Estamos de olho em países que são modelos de desenvolvimento para a elite brasileira, a fim de entender o que eles falam para nos entendermos melhor, entendermos os parâmetros do nosso desenvolvimento", explicou.

Maurício Savarese, repórter brasileiro da agência internacional de notícias *Associated Press*, faz um contraponto. Segundo ele, a imprensa brasileira perde tempo demais pensando no que a mídia estrangeira diz. Um dos motivos para isso, alega, é que o Brasil "toma o que é reportado por estrangeiros como uma questão civilizatória sobre nós mesmos", diz.

Reis alega que essa cobertura internacional é muito importante. "Uma reportagem no *New York Times* é replicada no mundo inteiro e tem uma relevância muito grande. Já uma matéria no *Financial Times* ou na *Economist* pode ter um forte impacto no mercado financeiro, no meio econômico", explica.

Em *A diplomacia na construção do Brasil: 1750-2016*, uma verdadeira bíblia sobre a história do país e das suas relações exteriores, o diplomata Rubens Ricupero explica que a busca por reconhecimento e prestígio sempre foi uma das principais pautas do Brasil no cenário internacional – o que também justifica o interesse pela imprensa estrangeira e faz com que ela tenha importância. A mídia do resto do mundo é, em grande parte, responsável por moldar a percepção que os estrangeiros têm do país, então faz algum sentido que se preste atenção nela.

Segundo Reis, é possível dizer que, num olhar de longo prazo, predominam percepções equilibradas sobre o país. "Quando o Brasil estava bem economicamente, com pleno emprego, aumentando grau de investimento, a sensação generalizada é que havia consistência. A mensagem principal é que o Brasil havia encontrado seu caminho. Era um caminho longo, mas havia sido encontrado. Hoje essa percepção se reverteu. A questão hoje é: o Brasil perdeu seu rumo? Existe muita dúvida para onde estamos indo."

Para Savarese, da *AP*, é importante ressaltar que a mídia estrangeira não trabalha para leitores brasileiros. "Ao olhar a 10 mil metros do solo o que está acontecendo em um país, a mídia estrangeira consegue reportar ao mundo quanto um país respeita valores democráticos, de direitos humanos, econômicos. Essa baliza que influencia tomadores de decisão estrangeiros acaba se refletindo também aqui, embora de forma sutil e nem sempre relatada pela mídia local", diz.

Este é um ponto central da cobertura feita pela mídia estrangeira a respeito do Brasil. Ao tratar das notícias brasileiras sob um ponto de vista externo, apresentando os fatos a um público também estrangeiro, os jornalistas do resto do mundo precisam ter uma atenção muito maior a contextos e explicações. Há uma constante tentativa de resumir e explicar para leigos, o que gera uma cobertura por vezes diferente e interessante.

Isso acaba saindo muitas vezes com simplificação e com estereótipos que ajudam as pessoas que não conhecem o Brasil a entenderem o contexto dos fatos. Segundo Quero, da *BBC*, isso faz com que seja importante ter atenção à forma como se lida com as notícias publicadas pela imprensa estrangeira, pois muitas vezes também é possível ver equívocos nesse olhar externo. Como "avaliações erradas por falta de conhecimento sobre o Brasil, falta de entendimento da dinâmica do país, ou mostrando só um dos lados como se fosse toda a realidade".

É este Brasil cheio de estereótipos e simplificado, mas construído em parte com base no que os próprios brasileiros pensam e falam, que se forma no "espelho" da imprensa internacional. O país é contextualizado e explicado para quem não o conhece, o que acaba ajudando a consolidar a imagem geral que o resto do mundo tem a respeito do Brasil.

ALIMENTANDO CLICHÊS

Algumas das principais pesquisas acadêmicas a respeito da percepção internacional do Brasil indicam que o país tem imagem de exótico, de diferente, "esquisito, excêntrico, extravagante", como o termo é definido pelo dicionário *Houaiss*. Por mais que isso possa ser uma imagem que incomoda a muitos brasileiros, algumas das principais linhas de estudo sobre o tema indicam que essa representação é alimentada pelos próprios brasileiros – pela população e mesmo pela imprensa nacional.

Esta avaliação é um dos temas centrais do livro *A imagem do brasil no turismo: construção, desafios e vantagem competitiva*, de Rosana Bignami. Publicada em 2002, a obra é um excelente tratado sobre a forma como se construiu no resto do mundo a percepção a respeito do Brasil. O livro continua muito atual no debate sobre reputação do país no exterior e traz essa interessante análise sobre a responsabilidade dos próprios brasileiros na formação dessa imagem de exotismo.

Isso acontece, em parte, porque a formação da identidade nacional está intimamente ligada à projeção da imagem do Brasil no exterior e à aceitação do elemento exótico como parte da própria autoimagem, diz Bignami. Está ligada ainda à imagem que é projetada pela imprensa internacional, que em muitos momentos apenas reproduz o que a mídia nacional diz sobre o país. Segundo Bignami, "o olhar exótico é, antes de mais nada, aceito como representação nacional. [...] O exótico não é para o brasileiro um elemento externo. O exótico participa da identidade nacional como elemento de composição e exportação, incorporado aos discursos da própria nação que também se promove por intermédio dessas imagens".

E continua: "A imagem nacional não é resultante unicamente da visão do estrangeiro a respeito do país, embora exista uma tendência de se analisar a situação somente sob esse aspecto. [...] O Brasil e o brasileiro parecem se interessar muito mais pelo que se diz no exterior do que pela própria formação interna do país, responsabilizando o estrangeiro pelo que o país é. [...] Nossa imagem é também, em parte, uma projeção da nossa identidade e, estrategicamente organizada ou não, ela acabou privilegiando e ressaltando alguns aspectos da nação".

Bignami explica que a imagem estereotipada do Brasil tem aceitação no próprio território nacional, é assumida como elemento verdadeiro da cultura brasileira e dessa forma é difundida. "O elemento exótico encontra-se inserido nos discursos dos próprios brasileiros e até mesmo nas instâncias decisórias da política. [...] O estrangeiro vê o Brasil como o próprio brasileiro se vê e se promove. Não cabe ao estrangeiro mudar essa imagem. As mudanças, se desejadas, devem partir da nação e não podem representar somente uma campanha publicitária restrita a alguns filmes, anúncios em algumas revistas e espetáculos de samba no exterior."

Parte do trabalho de Bignami tenta desfazer a ideia de que os problemas relacionados à imagem do Brasil existem por "perseguição" da imprensa internacional. "Certamente a imprensa cria uma imagem, mas não se pode afirmar que a instituição imprensa internacional orquestra contra o país Brasil", diz.

É verdade que a cobertura que a imprensa internacional faz no Brasil é marcada fortemente pelo uso de estereótipos e clichês para descrever o país de forma mais simples (ou simplista, até). Um levantamento das notícias sobre o Brasil durante a Copa do Mundo de 2014, por exemplo, revelou que 80% das menções ao país em cinco dos principais jornais estrangeiros continham estereótipos sobre a imagem do país. Também é verdade que isso poderia ser visto como um problema, considerando que a mídia internacional é uma das principais fontes de informações que os estrangeiros têm sobre o Brasil – e que isso ajuda a formar a imagem do país no resto do mundo.

Pesquisas acadêmicas mostram, entretanto, que embora a imprensa seja considerada impessoal, ela é produto de variados discursos subjetivos. "O discurso da imprensa é parcial, enquanto representa o dizer de indivíduos ou grupos, situados num determinado contexto histórico-social", explica Bignami.

Essa interpretação sobre o papel da imprensa estrangeira também pode ser encontrada em outras análises sobre a imagem internacional do país. Segundo um estudo acadêmico sobre o trabalho de correspondentes estrangeiros no Brasil, o uso de clichês é parte de um processo no qual a imprensa internacional reflete a forma como os próprios brasileiros pensam sobre o país.

A afirmação nesse caso é do pesquisador Antonio Brasil, professor do Programa de Pós-Graduação em Jornalismo da Universidade Federal de Santa Catarina. Faz parte do artigo "A construção da imagem do Brasil no exterior: um estudo sobre as rotinas profissionais dos correspondentes internacionais", publicado em 2012, na revista acadêmica *Famecos*.

A imagem do Brasil no exterior, diz, é resultado da nossa própria percepção sobre o nosso país. "Seria produto de uma autoimagem, traduzida e divulgada pelos correspondentes baseados no país, que se utilizam do noticiário brasileiro como fonte primária para a formatação da imagem do Brasil no exterior. Ou seja, apesar dos estereótipos culturais dos próprios correspondentes, são os próprios brasileiros que forneceriam a matéria-prima para o noticiário internacional sobre o nosso país."

O pesquisador analisou a produção de duas grandes agências de notícias internacionais para entender como era formada a imagem do Brasil que é mostrada no exterior. Segundo ele, "o Brasil historicamente apresentado na mídia estrangeira é invariavelmente fruto de uma imaginação desbragada sobre os trópicos e de uma projeção de uma utopia cheia de estereótipos e clichês, nos quais prevalecem velhos modelos de representação, calcados na exploração de uma natureza exuberante e de costumes singulares frente ao olhar euro-americano".

Esse repertório de imagens remonta aos anos 1930, quando o Brasil ingressava na rota do turismo internacional, criando o imaginário de um povo cordial e com manifestações culturais particulares. "A beleza das mulheres, a musicalidade das gentes e o carnaval são expressões que seriam agregadas à descoberta da Amazônia e, mais recentemente, à violência e à exclusão, numa linha de desenvolvimento histórico que representa a imagem que temos do país", diz Brasil, no artigo.

Segundo o trabalho, os dados analisados confirmam que as representações do Brasil no exterior são baseadas em estereótipos como carnaval, futebol e violência, refletindo representações que são criadas e divulgadas internamente no Brasil. "Ou seja, geramos e divulgamos nossos próprios estereótipos."

A CAPITAL DA FUGA

A reação de uma jovem filmada fazendo sexo em um supermercado de Norwich, na Inglaterra, em fevereiro de 2018, foi de querer fugir da fama repentina em sua cidade. "Acho que vou me mudar para o Brasil para me afastar de tudo isso", disse, em entrevista publicada pelo tabloide *The Sun*. O país não tinha nada a ver com o caso que ganhava destaque na mídia britânica, e a jovem não tinha nenhuma relação com o Brasil, mas ainda assim esse foi o lugar escolhido para a "fuga".

A declaração é reveladora sobre a imagem internacional do Brasil. Há décadas, o país se consolidou na mente de muitos americanos e europeus como o destino clássico para a fuga. E isso foi em grande parte construído pelo cinema.

Uma pesquisa realizada por Tunico Amâncio e publicada no livro *O Brasil dos gringos: imagens no cinema*, em 2000, analisa o quanto o país é usado no cinema estrangeiro como uma referência para o maior destino de fugas internacionais. O livro é uma das principais referências para entender como o Brasil aparece representado no cinema internacional, e como isso se relaciona com a imagem externa do país. Segundo Amâncio, o Brasil tem uma função dramática específica no cinema estrangeiro, a acolhida de fugitivos de todas as nacionalidades. "Nos filmes estrangeiros, quase não se foge para Lima, nem para Buenos Aires, muito menos para Assunção. Foge-se mesmo é para o Rio de Janeiro, capital sul-americana do abrigo à contravenção internacional, a se considerar o volume de filmes estrangeiros com esta perspectiva narrativa", diz Amâncio.

Segundo o pesquisador, foge-se para o Brasil pelas mais variadas razões, "sempre em busca de um abrigo legal à sombra de nossas palmeiras, ao som de nossa música, na contemplação de nossas mulatas. Foge-se para um país 'sem fé, nem lei, nem rei' exalando exotismo."

O livro cita uma série de filmes em que importantes personagens usam o Brasil como destino de sua fuga. Obras alemãs, francesas, italianas e, naturalmente, norte-americanas – desde os anos 1930 até exemplos mais recentes – tratam o país como um símbolo dessa fuga final. É assim que o país aparece em *Crown, o magnífico*, em *O conformista*, em *Liebelei, uma história de amor*, em *Nada além de problemas*, em *Loucos e nervosos e dezenas de outros*, lista o livro.

Em sua coluna no *New York Times*, a jornalista brasileira Vanessa Barbara também apresentou, em 2015, um levantamento de obras mais recentes do cinema que usam o Brasil como cenário de fuga. "Uma sabedoria conhecida há muito tempo em Hollywood diz que, se você roubou um banco ou vendeu segredos de guerra para o inimigo, ou mesmo se tiver desviado fundos de alguma empresa, você deve fazer as malas e se mudar para o Brasil", diz.

A jornalista traça registros do Brasil como cenário de fuga desde os anos 1950 e diz que como isso pode surgido pelo fato de que o país não tinha acordo de extradição com os Estados Unidos até os anos 1960. Barbara não cita a pesquisa de Amâncio, mas se refere ao documentário *Olhar estrangeiro*, de Lucia Murat, que é baseado no livro dele.

"Em geral, o impulso para ir ao Brasil não é nem justificado, nem motivado especificamente. Raramente um personagem explicita o porque dessa escolha como opção de escape da lei ou de qualquer outro agente reparador. O recurso ao Brasil como etapa final de uma fuga é uma espécie de deus ex machina, um expediente fácil que permite à solução dramática uma certa dose de eficiência. Afinal de contas, os filmes raramente explicam por que se foge tanto para o Brasil", diz Amâncio.

Dos incontáveis exemplos do cinema, a imagem do Brasil como destino de fuga se consolidou a ponto de virar a referência de uma jovem exposta em uma pequena cidade inglesa. Por mais que ela talvez sequer saiba o que há no Brasil, onde é o país, e como é a vida lá, a reputação como lugar da fuga a faz citar o destino como uma opção natural.

Em uma reportagem de 2015, a rede britânica *BBC* disse que o Brasil estava tentando se livrar dessa fama internacional. Segundo o texto, o país teria se tornado conhecido como um destino seguro para fugitivos graças aos casos de Ronald Biggs (que assaltou um trem pagador no Reino Unido) e do médico nazista Joseph Mengele. Naquela época, o governo estaria atuando para extraditar rapidamente criminosos estrangeiros, dizia a *BBC*.

Enquanto o cinema internacional tem essa importância sobre a imagem nacional, acadêmicas estrangeiras que estudam a produção cinematográfica do Brasil alegam que o cinema do país não tem força para mudar a percepção do Brasil no resto do mundo.

"O alcance internacional do cinema brasileiro ainda é demasiado limitado para influenciar em qualquer grau significativo a percepção do Brasil no exterior", diz um artigo assinado pela professora de Estudos Brasileiros na Universidade de Leeds, Stephanie Dennison, e pela professora da Universidade Aarhus Alessandra Meleiro, publicado pela *Folha de S.Paulo.*

Segundo elas, a possibilidade de utilizar o cinema brasileiro para finalidades de política externa, na linha do modelo teórico de "soft power", ainda parece distante. "Para que o cinema brasileiro possa tornar-se um instrumento real de poder da diplomacia cultural do Itamaraty, é preciso que a política pública se concentre mais sobre a criação de oportunidades de ampliar o espaço disponível para o cinema brasileiro no exterior."

Para as pesquisadoras, a questão da projeção do cinema nacional no mundo passa ainda por uma desconfiança profunda de grande parte da população brasileira em relação ao financiamento da cultura pelo Estado.

"Essa desconfiança e incompreensão dificultam a própria noção do cinema como potencial trunfo de 'soft power' no Brasil, já que para muitos o cinema, por sua própria natureza de gênero artístico comercialmente impopular e caro que depende fortemente de financiamento público para sobreviver e pela associação estreita que tem com a política de esquerda e, mais recentemente, com o projeto do PT, não é tão prontamente reconhecido como parte da 'marca Brasil' quanto são, por exemplo, o futebol, a música e as telenovelas brasileiras."

Por mais que algumas obras tenham conseguido atravessar um pouco as barreiras internacionais, com destaque para *Orfeu do Carnaval, Central do Brasil, Cidade de Deus* e, em menor proporção, *Tropa de elite,* o cinema brasileiro continua enfrentando limites em sua divulgação externa.

Outra das raras situações em que esse limite foi contornado se viu em 2019, quando o documentário *Democracia em vertigem,* de Petra Costa, foi indicado ao Oscar e teve grande repercussão na imprensa internacional após ser lançado no exterior. O filme foi chamado de "mergulho na política brasileira" pelo jornal norte-americano *Los Angeles Times.* Segundo a publicação, o filme é fascinante e oferece uma visão dos "terremotos" que afetam o sistema político brasileiro nos últimos anos.

Outras publicações importantes, como o *New York Times* – que indicou o filme como um dos melhores do ano –, o jornal britânico *The Guardian* e a revista *Americas Quarterly* publicaram textos avaliando o filme e o retrato que faz da situação do Brasil.

Na descrição do *NYT*, o documentário se debruça sobre questões a respeito de o que levou a uma mudança radical na política brasileira, passando de governos com tendência de esquerda à chegada da extrema-direita ao poder. O jornal explica que o filme tem um olhar de esquerda e que em alguns momentos parece descrever uma grande conspiração política contra esse grupo político. Ainda assim, vê méritos na obra. "Os fatos e argumentos apresentados deveriam ser estudados por qualquer pessoa interessada no destino da democracia, no Brasil e em qualquer outro lugar", diz.

O filme criou polêmica dentro do Brasil, e especialistas indicaram que ele tinha o potencial de se tornar "o principal ponto de referência para os não especialistas na história recente do Brasil". A avaliação foi feita por Dennison, diretora de estudos brasileiros da Universidade de Leeds, no Reino Unido. Em entrevista, ela explicou que o fato de o filme ser um documentário faz com que carregue "um certo grau de autenticidade" à interpretação que faz da política brasileira.

Em linha com o que disse o *NYT*, ela alega que o filme brasileiro pode ajudar a entender a ascensão de políticos de tendência autoritária e de direita em vários países do mundo. "Um filme como *Democracia em vertigem* pode ser lido como fornecendo algum tipo de chave universal para entender pelo menos parte da história dessa guinada para a direita. As manobras de bastidores por parte das elites (políticas e financeiras) e grupos religiosos conservadores, para não perder uma oportunidade de se beneficiar de qualquer coisa que empurre o eleitorado a seu favor, podem ser vistas em outros lugares."

CRISE CHAMA A ATENÇÃO

Minutos antes de, em pronunciamento oficial, o então presidente Michel Temer declarar que não renunciaria ao cargo mesmo em meio a uma forte tensão no governo, em maio de 2017, a notícia sobre a crise política no Brasil já era o segundo tema mais falado na mídia dos Estados Unidos. Agregadores de publicações americanas indicavam que apenas a pressão política sobre Donald Trump era mais tratada na imprensa do país.

"Os norte-americanos estão acompanhando o noticiário sobre a política brasileira de perto desde o ano passado", explicou Tom Reichert, chefe do departamento de publicidade e relações públicas da Universidade da Georgia. "Agora há um pico no número de reportagens sobre o Brasil, por conta da nova crise", complementou, ao apresentar à época o mais amplo estudo sobre a percepção da imprensa americana a respeito do Brasil.

Ao longo de 2016, Reichert coordenou um levantamento que analisou 143.549 reportagens sobre o Brasil na mídia dos Estados Unidos. O estudo foi além do que dizem os veículos mais famosos e relevantes, como o *The New York Times* e o *The Washington Post*, e incluiu pequenos jornais, sites temáticos e veículos locais espalhados pelo país. A pesquisa foi feita em parceria com a empresa brasileira Imagem Corporativa e visava entender a imagem do Brasil no mercado americano.

"O cenário midiático está mudando. Notícias locais e redes sociais têm se consolidado como mais importantes do que grandes veículos como fonte de informação dos americanos", avaliou Itai Himelboim, diretor do departamento de engajamento de redes sociais e publicidade da mesma universidade americana, que também coordenou o trabalho. Segundo ele, 60% das referências ao Brasil foram encontradas em fontes menos conhecidas no resto do mundo.

O levantamento, eles explicaram, ajudava a entender o pensamento dos americanos como um todo, incluindo os eleitores de Donald Trump, muitas vezes desconhecidos da grande mídia norte-americana. "É um estudo que visa entender como o Brasil é visto nos Estados Unidos, perceber o que os americanos pensam do Brasil", explicou Reichert.

A pesquisa indicava que "2016 foi um ano difícil para o Brasil". Apenas 2% do noticiário americano sobre o país pôde ser lido como positivo, 61% das notícias foram neutras e 37% tiveram viés negativo. As Olimpíadas foram tema de 29% das menções ao país no ano, mas assuntos de política dominaram quase 70% das reportagens sobre o Brasil.

A pesquisa também incluiu um levantamento preliminar do comportamento do noticiário americano sobre o Brasil nos três primeiros meses de 2017. Ao contrário do foco em esportes e política registrado em 2016, notícias sobre violência (protestos em presídios, assassinatos e greve da polícia) foram as que tiveram maior pico de cobertura no país. "Vemos uma diversidade muito maior de temas. Histórias menores e mais locais passaram a ganhar destaque. É aqui que aparece a oportunidade do Brasil de levar sua narrativa ao público americano", explicou Himelboim.

Outro diferencial de 2017 é que houve um encolhimento da cobertura. O primeiro trimestre do ano registrou 22.090 notícias sobre o Brasil nos Estados Unidos, bem menos do que as 47.268 menções em reportagens no mesmo período do anterior. O percentual de notícias negativas caiu a 32% no período, com 66% de menções neutras e 2% positivas.

DEU NA "ECONOMIST"

Nenhuma publicação da imprensa internacional aparenta ter influenciado tanto a imagem internacional do Brasil no início do século quanto aquela capa da revista britânica *The Economist* mostrando, em 2009, o Cristo Redentor decolando como um foguete. A montagem se tornou o símbolo da ascensão econômica do Brasil na década passada e é lembrada sempre que a emergência do país no mundo é discutida.

Apesar de marcante, a ideia de que o Brasil decolava – "take off", como a revista dizia em inglês – não era uma novidade nas páginas da *The Economist*. Segundo a pesquisa de doutorado da socióloga Camila Maria Risso Sales, pela Universidade Federal de São Carlos (UFSCar), a publicação alterna historicamente sua cobertura sobre o Brasil entre entusiasmo e decepção, dependendo da política econômica adotada pelo governo brasileiro – até mesmo o termo "take off" já tinha sido usado antes em referência ao país.

A capa da revista britânica defendeu, em março de 2016, a saída da presidente Dilma Rousseff do governo, o que se consolidou poucos meses depois, no impeachment. Era hora de Dilma partir, dizia, criticando seu governo e a chamando de "inepta". Um dia depois do impeachment, a publicação oficializou uma mudança de tom em sua cobertura relacionada ao Brasil: esta é a "hora de Temer", dizia o título da reportagem sobre o novo presidente.

Dois anos depois, uma nova capa da revista dedicada ao Brasil reforçava o forte ataque da imprensa estrangeira à candidatura de Jair Bolsonaro à presidência. Além de chamar o candidato direitista de "ameaça", a revista argumentava que ele seria um presidente desastroso para o Brasil. Em um editorial com o título "Jair Bolsonaro, a última ameaça da América Latina", a revista analisava o momento do Brasil na época da eleição e afirmava que "a economia é um desastre, as finanças públicas estão sob pressão e a política está completamente podre". Isso impulsionaria o candidato, mesmo que ele não fosse visto como o nome ideal para resolver estes problemas.

A revista *The Economist* é uma das publicações mais respeitadas do mundo e pode ser vista ao mesmo tempo como um reflexo e uma referência para o pensamento das elites política e econômica do Ocidente. Apesar da postura muito crítica a Bolsonaro, ela tem uma linha editorial muito próxima do pensamento do mercado internacional e bem longe da esquerda política.

As mudanças de governo e as alterações da política econômica no país sempre afetam a cobertura que a revista faz sobre o Brasil, segundo a pesquisa de Sales. Isso explica as famosas capas em que o Cristo Redentor decolava e a seguinte, em que ele perdia o rumo.

Em entrevista após o impeachment de Dilma, Sales disse que era possível ver semelhanças entre a cobertura da revista naquele momento e na época do golpe militar, em 1964, por exemplo. Nos dois casos, ficava clara a defesa de uma mudança na política econômica. "Há uma tendência a uma visão mais positiva quanto às políticas que seriam implementadas pelo novo governo", explicou.

Quase como comprovação de sua tese, depois do afastamento de Dilma, a revista publicou, em junho, um artigo em que defendia que o governo Temer abria espaço para o país recuperar a economia. "A visão da *Economist* é mais positiva sobre o Brasil se a política econômica do país se aproxima mais do viés liberal", disse Sales.

Ela ressaltou que, como "a revista é sobre economia, é natural que ela dê mais ênfase aos aspectos econômicos". Mas alega que saber desse viés ajuda a avaliar de forma mais crítica sua cobertura.

As alterações da política econômica sempre afetam a cobertura que a revista faz sobre o Brasil. "A visão da *Economist* é mais positiva sobre o Brasil se a política econômica do país se aproxima mais do viés liberal", disse Sales.

Segundo sua pesquisa acadêmica, o Brasil sempre esteve presente entre os assuntos considerados relevantes pela *Economist*. "A posição político-ideológica da revista foi identificada a partir de duas ideias básicas: a defesa do liberalismo econômico, conjugado com certo conservadorismo político. A forma como o Brasil foi noticiado e interpretado refletiu esse posicionamento", diz sua tese. Além disso, segundo ela, a revista se importa com estabilidade e o livre mercado, e houve momentos durante a ditadura em que isso foi priorizado no lugar da democracia. Isso mudou desde então, segundo a socióloga. "Não é possível dizer que os valores democráticos sejam hoje secundários para a revista", explicou. Ela alega, entretanto, que a publicação deu pouca voz à defesa de Dilma. Apesar da abordagem crítica, Sales admite que a publicação não "inventa" um Brasil diferente da realidade e que foi objetiva em relação ao processo de impeachment.

No caso da eleição de Bolsonaro, entretanto, o tom crítico da publicação estrangeira pode ser explicado pela preocupação dela com a estabilidade política e econômica no Brasil. Com ressalvas a ambos os lados da polarização brasileira, a postura da *Economist* era de crítica mais ampla ao sistema político do país, que é fonte constante de instabilidades. Em vários dos textos em que analisava a crise que levou à saída do PT do governo, a revista chamava o sistema político brasileiro de excessivamente fragmentado, o que gera cacofonia de vozes e ideologias. O ideal, dizia, seria uma reforma de toda a política do país.

A melhor forma de entender o que *The Economist* pensa é entender o modelo liberal de política econômica. A revista frequentemente oscila da euforia à depressão ao tratar do Brasil. Isso aconteceu em diversos momentos, em governos diferentes. O segundo governo Lula foi, por exemplo, um momento em que o noticiário era muito positivo. A gestão de Dilma Rousseff não foi vista com tanto otimismo, complementou Sales.

Após a saída de Dilma, a revista escreveu vários textos mais favoráveis ao cenário político brasileiro, apoiando as reformas propostas pelo governo de Michel Temer, mas o otimismo do passado não voltou.

Em meio à radical polarização da política brasileira às vésperas da eleição presidencial de 2018, entretanto, o posicionamento crítico da revista à candidatura de Jair Bolsonaro levou a uma situação em que eleitores de esquerda se alinharam ao que diz a tradicional publicação liberal, enquanto fãs do capitão reformado passaram a acusar de comunista essa "Bíblia do capitalismo".

Os interesses da revista ao dizer que Bolsonaro seria um "presidente desastroso" refletiam algo que ia além do que pensam os eleitores brasileiros: uma preferência da publicação pelo apoio à construção de cenários estáveis para o investidor estrangeiro. "A eleição de Bolsonaro tem sido considerada por ela um fator de instabilidade", explicou Sales, em uma nova entrevista na época da eleição de 2018.

Sales explicou à época que o que fazia *The Economist* se posicionar contra a candidatura do capitão reformado poderia ser depositado em dois fatores: problemas que sua vitória poderia trazer para a já difícil governabilidade e a defesa de valores liberais, sempre muito caros à publicação.

"A *Economist* sempre sustentou valores liberais na economia, nasce com esse propósito. O olhar da revista é conduzido, portanto, pelo liberalismo político e econômico e por posturas conservadoras quanto à preservação dos direitos de propriedade, do Estado mínimo e do livre comércio", diz a tese de Sales. "A revista tem um diapasão, que seriam as regras do livre mercado. Ela exalta o país quando este se aproxima delas e o deprecia se há afastamento."

PAIXÃO E DESILUSÃO DOS JORNALISTAS GRINGOS

O jornalista estrangeiro que viaja ao Brasil chega apaixonado. A exuberância e exotismo do país encantam o gringo ao chegar. Mas logo as coisas começam a mudar, e o imigrante começa a perceber os enormes problemas do cotidiano brasileiro, que se escondem por trás do encantamento inicial. Daí vem um forte estado de desilusão e melancolia.

Este é o "Brazilian Blues", sentimento tradicional entre os estrangeiros descrito no livro *Palavra de gringo – Um olhar estrangeiro sobre o Brasil*, de 2014, que reúne uma dezena de crônicas desses correspondentes internacionais no país.

"O Brasil é um lugar de emoção. É muito fácil alguém chegar e se apaixonar completamente pela exuberância, pelo exotismo, pelas pessoas e pelo estilo de vida. Mas, passado algum tempo, a imersão do dia a dia faz perceber que, por trás da imagem idealizada, da paixão inicial, os problemas do país começam a desbotar a foto inicial. Isso gera uma certa tristeza e desilusão. Os jornalistas estrangeiros passam por essa fase", explicou Hugo Gonçalves, jornalista, escritor, documentarista e editor português, autor do projeto do livro.

Depois de trabalhar como jornalista em Nova York, Madri e Londres, Gonçalves viveu por quatro anos no Rio, onde continuou atuando como correspondente, além de escrever crônicas sobre a vida na cidade brasileira mais famosa no mundo. Desse contato de gringo, percebeu que tinha um olhar diferente sobre o país, e que reunir visões assim poderia ajudar a retratar uma imagem diferente do Brasil.

"Sempre me interessei muito pelo funcionamento das cidades. Escrevia sobre o Rio, mas apesar de tentar ser imparcial, sempre era a visão de um português. Achei que seria interessante reunir as visões de estrangeiros de várias nacionalidades, da Argentina à Suécia, falando sobre diferentes temas. Isso tudo em um momento decisivo da história do Brasil, quando a narrativa de sucesso dos últimos anos começou a entrar em colapso. Seria interessante fazer essa reflexão a partir de cabeças tão diferentes", disse.

Apesar de reunir olhares de origens diferentes, o livro dá a impressão de uma visão uniforme do país. Segundo Gonçalves, isso acontece por causa desse contraste entre a primeira impressão e a experiência da vida real no país.

Gonçalves explicou ainda que o ciclo noticioso da imprensa estrangeira costumava ser restrito ao Carnaval, ao futebol, um ou outro evento de grandes proporções e histórias de violência. "Nos últimos anos o interesse pelo Brasil cresceu muito e há mais correspondentes, que muitas vezes lutam contra seus editores para levar outros tipos de notícias e histórias, conseguindo mostrar mais do resto do país. No geral, o estereótipo ainda é forte, mas essa mudança se faz passo a passo, e o fato de haver mais jornalistas no Brasil e de o país despertar mais interesse no resto do mundo é o caminho para que mais pessoas saibam que o Brasil não é apenas a imagem da mulata e do cartão postal de Copacabana. Os editores estrangeiros têm muita culpa em reforçar os estereótipos, mas os correspondentes têm trabalhado para mudar isso", disse.

Para o jornalista, esse trabalho do correspondente é essencial. "Ele ajuda a quebrar um pouco os estereótipos, que ainda são fortes, mas em alguns pontos já começam a mudar. O correspondente ajuda a passar uma imagem mais real do país. Além disso, ele tem influência no próprio Brasil. Para o bem e para o mal, esse trabalho é importante para denunciar algumas coisas que só são resolvidas com pressão internacional."

6

IMAGEM COM SOTAQUE ESTRANGEIRO[6]

"MODA", O TERMO USADO PARA SE REFERIR tradicionalmente ao interesse crescente em relação ao Brasil em círculos acadêmicos, na virada da primeira para a segunda década do século XXI, parece ter sido muito bem escolhido. Por anos, a imprensa brasileira publicou várias matérias sobre o "boom" de estudos sobre o país e apontou o quanto o país estava "na moda". Pois como toda moda é efêmera, a empolgação de universidades do resto do mundo em relação ao Brasil minguou junto com a erosão do prestígio internacional do país e com a série de crises pelas quais o Brasil passou a partir de 2013. No fim de 2020, culminando a redução do poder de atração do país, o jornal *Valor Econômico* publicou uma reportagem indicando que o país havia "saído de moda" na academia internacional.

O jornal de economia entrevistou dezenas de brasilianistas para explicar a mudança e apontou que havia uma perda de interesse no Brasil. Isso se dava pelo fato de o país ter mergulhado em crises e saído dos holofotes estrangeiros. Com isso, houve um encolhimento de verbas para estudos sobre o Brasil e uma redução de fluxo de brasileiros para o exterior – resultado do corte de verbas para a educação – que diminuiu o número de pessoas estudando o país. O Brasil, em suma, havia deixado de oferecer soluções para o problema do mundo e com isso se tornava menos atraente.

Além disso, é preciso ressaltar que o mundo mudou muito enquanto o Brasil perdia relevância. A ascensão do populismo internacional e do nacionalismo,

---

6 Este capítulo inclui textos originais escritos para o livro e trechos adaptados de reportagens publicadas na *Folha de S. Paulo* entre 2016 e 2017 e de posts do blog *Brasilianismo*.

a eleição de Donald Trump nos Estados Unidos e o Brexit no Reino Unido diminuíram o apelo do multilateralismo. Assim, países emergentes acabaram relegados a segundo plano em discussões gerais sobre política internacional, o que se refletiu também na academia.

Outro ponto importante a considerar é que, desde o final do século XX, vinha se consolidando o que várias vezes foi chamado de "nova tendência" dos estudos brasileiros no exterior. Uma abordagem enfocava menos o Brasil, mas o incluía em pesquisas de diferentes áreas de conhecimento e com diferentes enfoques. Esse foi um dos pontos centrais do capítulo que falava sobre os brasilianistas dos Estados Unidos no livro *Brazil, um país do presente*. E a tendência se manteve em todo o mundo, o que também tornou o Brasil menos visível.

O tema volta a ser discutido neste capítulo por conta de alguns assuntos bastante relevantes que ainda não parecem ter sido abordados de forma aprofundada e apropriada pela literatura política e acadêmica. Um deles é discutir mais detalhadamente o que é e o que faz, na realidade, um brasilianista. O conceito é controverso, chega a ser questionado e é discutido aqui por pesquisadores que se identificam assim.

Um terceiro tema fundamental é a exportação da polarização política brasileira, que chegou aos acadêmicos estrangeiros em meio ao debate sobre o impeachment de Dilma Rousseff, criando rachas e discussões entre os pesquisadores, que normalmente são vistos como mais "objetivos" em sua abordagem do país.

O QUE FAZ UM BRASILIANISTA?

O termo "brasilianista" é foco de controvérsia. Especialistas em "estudos brasileiros" em universidades de todo o mundo, esses pesquisadores estrangeiros são rotulados assim na mídia nacional, tendo uma certa autoridade intelectual automaticamente ligada ao termo. Apesar disso, muitos dos próprios estudiosos que se classificam assim não sabem exatamente o que significa a palavra "brasilianista" e o que é exatamente essa área de pesquisa acadêmica chamada de "estudos brasileiros".

O dicionário *Houaiss* define brasilianista como "estrangeiro especializado em assuntos brasileiros". O historiador José Carlos Sebe Bom Meihy usa definição semelhante e fala em "estrangeiro que estuda o Brasil". O diplomata brasileiro Paulo Roberto Almeida, no livro *O Brasil dos brasilianistas*, define o termo da mesma forma, como "estudioso estrangeiro de temas brasileiros". O embaixador Rubens Barbosa diz que o "brasilianismo" se consolidou como uma referência à longa tradição de estudos brasileiros, especialmente nos Estados Unidos, embora o termo tenha claramente se expandido ao resto do mundo, fora do Brasil.

"No seu sentido mais simples e direto, um brasilianista é um estudioso que pesquisa e escreve sobre o Brasil. Tradicionalmente, nos círculos acadêmicos americanos, isto significa pesquisadores das ciências sociais e das humanidades que aprenderam português e passam um certo tempo no Brasil", diz o brasilianista Marshall Eakin. Ele ressalta que a definição não é suficiente, inclui pesquisadores de diferentes áreas, e completa: "ensaios deixam claro que uma definição simples e direta do que seja um brasilianista não é possível".

Como mencionado no começo deste capítulo, a ascensão dos brasilianistas nos Estados Unidos e sua consolidação são tema de um capítulo do livro *Brazil, um país do presente*, e não cabe aqui repetir a mesma história. O interessante é apenas tentar se aprofundar na discussão sobre a definição de quem é e o que faz um brasilianista.

Em artigo publicado em 2016, a pesquisadora americana Barbara Weinstein questionou a utilidade da categoria e se perguntou se ela poderia se definir desta forma – sendo uma pesquisadora dedicada a temas do Brasil por muitas décadas.

"Esta expressão, um verdadeiro 'rótulo' para o estrangeiro que estuda Brasil, surgiu nos anos 1970, numa época de expansão dos estudos brasileiros nos Estados Unidos." Para ela, essa imagem do brasilianista teve utilidade no passado, mas, desde os anos 1980, talvez não mais. "Várias mudanças no mundo acadêmico, tanto no Brasil quanto nos Estados Unidos, complicaram qualquer esforço para diferenciar a produção acadêmica segundo o 'lugar' do pesquisador."

Ainda assim, ela admite a relevância do "rótulo": "Ao mesmo tempo, certos aspectos persistentes do mundo acadêmico, inclusive linguagem e público, continuavam criando ligeiras divisões entre os brasilianistas e os historiadores no Brasil".

"Sou ainda uma *brazilianist*?", questiona Weinstein, alegando que sua geração tem uma noção muito específica do brasilianista, marcada por estereótipos, como sendo uma pessoa que fala português com sotaque carregado e que parece uma figura fora do lugar. Para ela, a imagem tradicional mudou e, portanto, o termo muda também de sentido. "Acredito que a velha imagem do brasilianista já é coisa do passado; novas gerações, novos olhares e novas direções na disciplina de história transformaram essa figura num anacronismo. Mas alguns traços permanecem, e certas inovações geraram novas divergências e novos desafios. Para concluir, diria que sou ainda uma brasilianista, mas nem tanto."

Outro desses brasilianistas em "crise de identidade", o pesquisador Vinicius Mariano de Carvalho se debruçou sobre o tema. "É interessante ver a reação das pessoas, sejam acadêmicas ou não, quando me perguntam o que faço e eu respondo que dou aulas de estudos brasileiros. Uma segunda pergunta quase sempre se segue a esta resposta: 'mas o que é isso?'. E o momento da surpresa vem em seguida, quando digo que eu não sei exatamente o que é, mas que é esta pergunta que me atrai à área", diz Carvalho, no começo de artigo publicado na revista acadêmica *Brasiliana*, especializada em trabalhos de brasilianistas.

Diretor do Instituto Brasil do King's College London, Carvalho, que é brasileiro, questionou a definição do dicionário, que diz que brasilianista é "estrangeiro especializado em assuntos brasileiros". Para ele, a área de pesquisas pode ser definida como "thought with accent", um "pensamento com sotaque".

A expressão é emprestada da pesquisadora Teresa Caldeira, que menciona a luta que é de exprimir-se em uma língua que não é sua, como o inglês, e o quanto isso é relevante na sua maneira de pensar. Comparando com o sotaque que naturalmente temos quando falamos outras línguas, ela faz a analogia com o pensar com sotaque, quando o fazemos também em outra língua. "Acho que nós, brasilianistas, sendo brasileiros expressando em outra língua, ou estrangeiros expressando-se em português, estamos neste processo dinâmico, criativo, penoso e fecundador de expressar-se com sotaque, sem estar em busca de um purismo epistemológico, mas capaz de, por causa do sotaque, fazer soar as ideias com modulações inovadoras e provocadoras."

Carvalho rejeita a ideia de brasilianista como alguém que estuda o Brasil, enquanto objeto, mas que deveria ser quem estuda o mundo desde uma perspectiva brasileira. Ele defende ainda que brasileiros podem ser brasilianistas tanto quanto estrangeiros e levanta uma discussão muito enriquecedora, mas evita traçar uma conclusão excessivamente limitadora do significado da palavra.

Para o pesquisador, o debate parece perder o foco e deveria tratar de como acadêmicos brasileiros lidam com subordinações e colonialismos na academia, no modo de pensar o mundo e não só o Brasil. "Para mim, o brasilianista é aquele que procura incluir vozes críticas e hermenêuticas nascidas desta experiência chamada Brasil e que foram silenciadas por imposições coloniais de pensamento (que estão ainda extremamente fortes e ativas na academia, muitas até mesmo "travestidas em pele de cordeiro"). Neste sentido, muitos daqueles que são chamados de brasilianistas – os tais estrangeiros que estudam o Brasil – não seriam tão brasilianistas assim, se já chegam com a teoria pronta e só falta buscar a empiria no Brasil. Não é a nacionalidade que faz o brasilianista. A nacionalidade não é por si um critério para se definir quem faz estudos brasileiros."

POLARIZAÇÃO EXPORTADA

A crescente polarização da política brasileira na segunda metade dos anos 2010 ultrapassou fronteiras e chegou também a um grupo que tradicionalmente era mais "objetivo" em sua avaliação do país. Com a pressão sobre o segundo mandato de Dilma, o movimento pelo impeachment, a ação da justiça contra o ex-presidente Lula e a aceleração da Operação Lava Jato, pesquisadores estrangeiros que se debruçam sobre a realidade brasileira se dividiram em lados opostos.

O caso mais evidente disso foi o racha registrado na Brazilian Studies Association (Brasa), em 2016. A aprovação de um manifesto oficial da entidade alegando que a democracia brasileira estava ameaçada pela crise política em torno do impeachment gerou uma divisão entre os brasilianistas presentes na conferência da Brasa daquele ano, na universidade Brown, em Rhode Island (EUA).

Um dia após o encerramento do encontro que reuniu mais de quinhentos acadêmicos que estudam temas relacionados ao Brasil, o então presidente da associação, o cientista político Anthony Pereira, renunciou ao cargo no Comitê Executivo da Brasa e solicitou sua desfiliação da entidade.

"É interessante ver que os mesmos conflitos que dividem o Brasil agora também dividem a comunidade de pesquisadores que estudam o Brasil", disse Pereira. Segundo um importante cientista político norte-americano que participou da conferência, mas pediu para não ser identificado, o acalorado debate estava criando uma cisão insuperável dentro da Brasa.

"Na disputa dentro da Brasa, o grupo que apoiava o manifesto aprovado não respeitou a necessidade de deliberação cuidadosa, debate e consenso dentro da associação", disse Pereira, que à época era diretor do Brazil Institute do King's College London (e meu orientador no doutorado).

Pereira fazia parte da associação desde 2000, foi presidente entre 2014 e 2016 e organizou a conferência da Brasa em 2014, na universidade inglesa. Ele explicou que não era contra a publicação de um manifesto político pela Brasa, mas que queria que fosse um texto mais bem trabalhado e que refletisse a opinião da maioria dos cerca de setecentos brasilianistas que formam a associação. Segundo Pereira, a Brasa tem uma longa tradição pluralista e não deveria se apressar para aprovar um posicionamento político sem o devido debate.

O abaixo-assinado, endereçado ao "povo brasileiro", afirmava que, ainda que o combate à corrupção fosse legítimo e necessário para melhorar a democracia, "no clima político atual, há o sério risco de que a retórica anticorrupção esteja sendo utilizada para desestabilizar um governo recém-eleito democrati-camente, agravando a séria crise política e econômica do país".

O grupo de brasilianistas insatisfeitos com a aprovação do abaixo-assinado alegava que o manifesto partidarizou a conferência acadêmica e deu pouco espaço para um debate a respeito do teor do posicionamento da associação. Muitos acreditavam que este posicionamento podia ferir a percepção de objetividade e neutralidade que os acadêmicos americanos e europeus precisam manter ao estudar o Brasil.

Segundo Idelber Avelar, professor de literatura latino-americana na Universidade Tulane, em Nova Orleans (EUA), o maior problema do manifesto era que houve a sensação de que o documento havia sido levado pronto à conferência. "Houve uma partidarização da associação. A assembleia foi esvaziada e conduzida de forma a não debater o texto e aprovar a moção a qualquer custo. Houve clima de intimidação, gritos e vaias. Foi lamentável", disse. Avelar também pediu sua desfiliação da Brasa.

Apesar da clara polarização entre os acadêmicos estrangeiros, o historiador Bryan McCann, professor da Universidade Georgetown (EUA) que assumiu naquele momento a presidência da Brasa, discordava da ideia de que havia uma cisão da associação. McCann minimizou o racha e explicou que houve uma confusão com os procedimentos internos da associação, o que aumentou a tensão entre os pesquisadores. Ele defendeu, entretanto, que a Brasa continuaria sendo uma associação não partidária e disse que o grupo continuaria sendo pluralista.

"Não acho que podemos chamar o que houve de crise, e isso não vai afetar a colaboração entre os pesquisadores. A questão é que precisamos melhorar nossos procedimentos, tornar os processos mais claros. Vou anunciar formalmente que vamos continuar valorizando o pluralismo", disse.

Segundo McCann, a dissidência dentro da Brasa era um reflexo da polarização política que existia no Brasil, mas não chegava ao nível de radicalismo que se via entre brasileiros. "Todos os brasilianistas estão preocupados com a situação da democracia no Brasil. A preocupação está relacionada especialmente aos processos", explicou.

O também historiador James Green, autor do manifesto que gerou a discórdia, lamentou a disputa interna da Brasa, mas ressaltou que houve uma votação na conferência e que a maioria dos brasilianistas no encontro votou a favor da moção. "A iniciativa do manifesto foi minha. Tenho um histórico de defesa da liberdade e posicionamento em relação à democracia no Brasil", disse Green, que é autor de *Apesar de vocês*, livro em que trata da forma como intelectuais norte-americanos se posicionaram contra a ditadura brasileira.

"Se existe uma partidarização no Brasil, seria estranho que brasilianistas não discutissem isso. A polarização está em todo canto, e o debate é normal, faz parte da democracia", disse.

O cisma registrado durante a discussão sobre o impeachment não foi o único momento de clara divisão política entre estrangeiros. Com a determinação da prisão do ex-presidente Lula, que ocorreria em abril de 2017, esta polarização ficou evidente nas entrevistas e artigos dos brasilianistas sobre o caso na mídia estrangeira. Enquanto alguns viam o avanço de um processo institucional contra a impunidade de elites políticas, outros criticavam mais um suposto ataque à democracia brasileira.

Segundo o brasilianista Matthew M. Taylor, professor da American University e especialista em temas relacionados a democracia e corrupção no Brasil, a prisão de Lula foi um momento triste para o Brasil, mas era um importante "marco histórico" para o país, pois representou uma mudança na forma como a elite brasileira é tratada pela Justiça, reduzindo a sensação de impunidade.

A avaliação era parecida com a do editor da revista *Americas Quarterly*, Brian Winter. Em uma série de textos publicados no Twitter, Winter disse que "a história da Justiça brasileira tem falhas, mas continua a ser uma inspiração em toda a América Latina, mostrando que pessoas poderosas na política e os negócios podem ser responsabilizados. Muitos outros tentando imitar".

Winter admitia que era impossível justificar por que Lula foi para a prisão enquanto tantos outros políticos corruptos continuavam livres no país. Ele alegou, entretanto, que o caso do ex-presidente passou por todo o devido processo legal. "Lula foi condenado em um julgamento aberto. A decisão foi unanimemente confirmada pela segunda instância. Moções subsequentes foram rejeitadas pelos tribunais superiores, incluindo o Supremo", disse. Ele ressaltou ainda o fato de que cinco dos seis juízes do STF que votaram contra a moção de habeas corpus a Lula foram nomeados por ele ou por Dilma.

Este também é o tom usado na análise da revista *The Economist*: "Quaisquer que sejam suas falhas e riscos, a luta contra a corrupção marca um avanço. [...] Sem a delação premiada e com a abordagem estreita e formalista da corrupção adotada antes do Mensalão, os contribuintes eram roubados, e os eleitores enganados. Pelo menos, isso deve ser mais difícil a partir de agora", afirmou a publicação.

O *Financial Times* seguiu linha semelhante: "A decisão polêmica, que poderia levar Lula para detrás das grades, marca a queda triste e ignominiosa de um político notável. Mas também mostra que ninguém está acima da lei – um desenvolvimento positivo e até mesmo revolucionário em um país atormentado pelo legalismo extremo, mas também pela grande ilegalidade".

O dissenso é evidente na comparação com a opinião de Mark Weisbrot, codiretor do Centro de Pesquisa Econômica e Política (CEPR), nos Estados Unidos. Em um texto publicado pelo CEPR, Weisbrot chamava a decisão de Moro de "ataque à democracia". A prisão de Lula, dizia, era uma "clara tentativa de evitar uma volta do Partido dos Trabalhadores ao governo". "A direita brasileira sabe que não teria chance contra Lula nas eleições deste ano, assim como perdeu duas vezes de Lula antes e depois mais duas de Dilma. Então, assim fizeram com Dilma, eles estão usando outros meios para mantê-lo fora do poder", escreveu.

Weisbrot já vinha denunciando o que chamava de "golpe da elite" desde a época do impeachment. Ele também foi autor de um texto de opinião publicado pelo *New York Times* alegando que a democracia brasileira estava mergulhando em um abismo.

A crítica à prisão de Lula apareceu também em uma carta publicada por um grupo de parlamentares e acadêmicos britânicos no jornal *The Guardian*. "Lula tem sido submetido a uma campanha contra ele, onde seus direitos humanos básicos foram violados. Como parte disso, Lula foi submetido a acusação e condenação políticas, ignorando evidências de sua inocência e desencadeando uma crise de confiança no Estado de Direito. Não se trata apenas de um homem, mas do futuro da democracia no Brasil", dizia a carta.

The Guardian também publicou uma curta análise do pesquisador britânico Richard Bourne, autor de uma biografia de Lula. Para ele, a prisão deveria servir para acordar a esquerda brasileira, que não deve depender apenas do ex-presidente. "A ameaça de um retorno a um passado reacionário é muito premente. Basta ver a popularidade do direitista Jair Bolsonaro, um admirador do regime militar, no período que antecede as eleições presidenciais deste ano. A raiva e a decepção com a decisão dos juízes devem ser convertidas em um desejo positivo de limpar o sistema político, acabar com a recessão e levar o país adiante novamente", disse.

A preocupação com a escolha do novo presidente – que aconteceria um ano depois – era foco também de um editorial publicado pela rede alemã *Deutsche Welle*. Segundo o texto escrito por Alexandre Schossler, havia muitas evidências contra o ex-presidente Lula, mas sua prisão reforçava a ideia de que o Brasil se transformou em um "país de incertezas" às vésperas da eleição.

Para Paulo Sotero, diretor do Instituto Brasil do Wilson Center, nos Estados Unidos, essa polarização externa percebida com a crise política que levou ao impeachment de Dilma e à prisão de Lula não era exatamente nova, apenas refletia o que aconteceu no Brasil.

"Até onde existe e tem ressonância, a polarização de visões que a crise de governança e o processo de impeachment da presidente Dilma Rousseff provocam entre estudiosos de assuntos brasileiros nos Estados Unidos e outros países reflete informações e avaliações que leem na imprensa dos dois países e no que ouvem de seus colegas brasileiros, com os quais estão em constante diálogo. Ela não resulta de pesquisa ou de análise original", explicou Sotero.

Segundo ele, sempre existiram diferenças de percepções de política entre os chamados brasilianistas. "Entre eles, os historiadores e os pesquisadores das áreas social e política tenderam a manter uma disposição favorável às ideias reformistas ou progressistas", explicou. Por outro lado, "estudiosos americanos mais voltados para a economia e as áreas de tecnologia e inovação foram em geral mais céticos, por causa da inclinação do PT e da esquerda brasileira ao protecionismo e ao dirigismo estatal."

A partir de 2018, entretanto, o radicalismo seguido pela realidade política brasileira pareceu arrefecer ânimos e controvérsias entre observadores externos. Mesmo que houvesse opiniões dissonantes, o tom se voltou mais fortemente contra o que se via como ameaça à democracia brasileira na eleição de Bolsonaro para a presidência. De forma semelhante, as revelações de ações impróprias do juiz Sérgio Moro no processo da Lava Jato (através do vazamento de conversas dele com procuradores), bem como sua decisão de aceitar ser ministro de Bolsonaro, aumentaram as críticas ao processo contra o ex-presidente brasileiro. Mesmo sem consenso, o clima da discussão acadêmica internacional passou a parecer mais pacífico e equilibrado.

Dois anos depois de a Brasa ter sido tomada pela discussão em torno de controvérsias pelo impeachment de Dilma, ainda em 2018, a entidade já havia superado a confusão, avaliou McCann, em uma nova entrevista logo após a edição seguinte da conferência da associação, no Rio de Janeiro. Segundo ele, o novo evento com pesquisadores estrangeiros serviu para mostrar que o grupo é plural e aceita pontos de vista divergentes sobre política. "A Brasa não tem nenhuma posição partidária. Não tem uma posição sobre as eleições, senão defender a democracia", disse. "A Brasa superou o momento de confusão, de incerteza, e agora a associação está forte e plural. Abrange todas as perspectivas possíveis."

7

DA EUFORIA
À DEPRESSÃO[7]

DEPOIS DE DECOLAR, O PAÍS PERDEU O RUMO. A imagem do Brasil, que parecia ter finalmente deixado para trás a ideia de "país do futuro", voltou a se desfazer após o auge da sua boa reputação na virada da década para atingir o que chegou a ser descrito como pior imagem de todos os tempos por reportagens na revista *Veja* e na *Folha de S.Paulo*.

Apesar de muito da imagem negativa entre 2020 e 2021 ter sido associada ao governo de Jair Bolsonaro e à falta de uma resposta eficiente à pandemia de Covid-19, a "marca Brasil" já vinha perdendo força há mais tempo. O discurso de "bola da vez" começou a perder força ainda durante o primeiro governo de Dilma Rousseff, quando começaram a surgir críticas sobre o gerenciamento da economia. Mas a virada de tom de verdade veio com os protestos que tomaram o país em junho de 2013.

Aquele movimento se consolidou como um símbolo de que a ideia de ascensão do Brasil havia fracassado. A partir de 2013, portanto, o noticiário externo se concentrou sobre problemas do país, como se pode ler nos deste capítulo, publicados entre 2015 e 2020, que servem como uma crônica dessa "queda" da imagem do país.

A abordagem crítica se destacou na Copa do Mundo, se manteve com a reeleição de Dilma e a percepção de perda de rumo e de descontrole da economia.

---

7 Este capítulo foi escrito com base nos artigos acadêmicos "The tainted spotlight: how crisis overshadowed Brazil's public diplomacy bet in hosting sports events and led to a downgrade of the country's reputation", publicado na revista *Trama Interdisciplinar* em 2018; em dados da minha pesquisa de mestrado realizada no King's College London; em textos publicados na *Folha de S.Paulo* e em posts publicados no blog *Brasilianismo*.

E então veio a Operação Lava Jato, investigação criminal que mostrou um Brasil dominado pela corrupção, mas que pelo menos tentava algo contra ela. E vieram tragédias nacionais como o rompimento de uma barragem em Mariana (MG) e o vírus Zika. As Olimpíadas de 2016 até deram certo e mostraram uma imagem boa do país, mas reforçaram o estereótipo de ser um país de festa, com problemas em áreas sérias – os holofotes estavam manchados, e a atenção ao país nos eventos globais pioraram sua imagem. Depois, o impeachment – que, independentemente de quem concorda ou não com ele, afeta negativamente a imagem do país e mostra um sistema político disfuncional. Com Temer, o mundo ensaiou ver uma correção de rumo ao menos da economia, mas a percepção de disfuncionalidade e corrupção permaneceu. Tanto assim que 2017 ficou registrado nos índices que medem imagem internacional como o do grande rebaixamento brasileiro.

E, se 2018 parecia ser o ano de retomada do país e de nova tentativa de ascensão, a eleição presidencial que levou a extrema-direita ao poder deu fim a qualquer esperança de boa reputação internacional. A eleição de Bolsonaro enterrou de vez qualquer narrativa positiva do Brasil no exterior.

O INÍCIO DA QUEDA

A onda de protestos que tomou conta do Brasil a partir de junho de 2013 se tornou um importante momento simbólico para a história da ascensão e queda da percepção externa do país. Foi ali que ficou claro que a narrativa de sucesso que havia sido criada até então para o Brasil no mundo estava errada, e que as coisas não iam tão bem quanto se imaginava dentro e fora do país.

As narrativas das chamadas "jornadas de junho" no Brasil e no exterior foram o tema de doutorado do pesquisador chileno César Jiménez-Martínez, que concluiu o doutorado pela London School of Economics, em 2017. As disputas sobre a imagem dos protestos e do próprio Brasil foram estudadas em detalhes em sua tese de doutorado, que se tornou um livro em 2020.

Segundo Jiménez-Martínez, a narrativa de sucesso do Brasil deu lugar a uma de decepção, e o clima de ceticismo passou a dominar a imagem da política no país. "As 'jornadas de junho' se tornaram um símbolo de que a ideia de que o Brasil estava em ascensão e sem problemas não estava correta", explicou.

"Os observadores interessados no Brasil foram claros em dizer que a economia estava desacelerando, que a política arriscava tornar-se instável e que a Copa do Mundo e as Olimpíadas não seriam a festa para celebrar a ascensão pretendida para o Brasil. No entanto, mesmo aqueles observadores ficaram surpresos com a escala e alcance dos protestos", disse.

O pesquisador chileno explicou que relutava em chamar as jornadas de um movimento, uma vez que elas envolviam muitas agendas diferentes e, às vezes, contraditórias. Ainda assim, segundo ele, todas as reportagens sobre o Brasil no período começaram com algumas frases sobre o quanto o país estava crescendo, o quão bem estava a economia e como o país estava se preparando para a Copa do Mundo e Olimpíadas. Após os protestos, essas frases mudaram, e outra narrativa, de dúvidas e crises no Brasil, começou a dominar.

"O período que vai de meados da década de 1990 até a primeira década do século XXI é cada vez mais visto como um período excepcional, e não – como foi pensado – como o início e a consolidação de um período mais estável, próspero e relativamente mais igual para o Brasil. As pessoas me disseram que, apesar de algumas de suas diferenças políticas, por dois ou três dias durante os protestos de 2013 houve uma grande sensação de esperança de que um Brasil melhor seria possível e que o poder estava nas mãos das pessoas, não da classe política. Minha impressão é que hoje em dia uma atitude mais cética prevalece em todo o espectro político", avaliou.

Para Jiménez-Martínez, o primeiro impacto causado pelos protestos daquele ano foi de surpresa, especialmente por conta da relação com a Copa do Mundo em um país que projeta no resto do planeta a ideia de ser apaixonado por futebol.

"Dito isto, por um tempo, os protestos foram vistos sob um prisma positivo e talvez até romântico. *The New York Times*, por exemplo, os chamou de 'despertar social'. Era, novamente, a sensação de que as pessoas estavam ficando mais poderosas, estavam exigindo um país melhor e que talvez os protestos pudessem aprofundar a democracia no Brasil. A maioria dessas opiniões otimistas, no entanto, desapareceu gradualmente, e uma narrativa de decepção começou a dominar, em que o Brasil passou a ser visto como uma decepção. Significativamente, essa é uma narrativa que você pode encontrar em vários relatórios sobre os países BRICS nos últimos dois anos, uma narrativa de que eles não eram capazes de entregar resultados."

Uma das descobertas mais interessantes da sua pesquisa foi justamente apontar que grupos diferentes exploravam a mídia estrangeira no Brasil. "Se, por exemplo, *The Economist* dissesse que o Brasil estava indo bem, as pessoas no governo diziam 'olhem, mesmo a *Economist* diz isso'. Da mesma forma, se a *Economist* dissesse que o Brasil não estava indo bem, as pessoas contra o governo diriam 'olhe, até a *Economist* diz isso'. Na verdade, mesmo alguns ativistas tiveram um comportamento semelhante. Novamente, isso não é exclusivo do Brasil e você pode encontrá-lo em vários países em todo o mundo".

GASTOS, CAOS E UMA IMAGEM MANCHADA

A imagem do Brasil projetada pela imprensa internacional durante a Copa do Mundo de 2014 teve em sua maior parte um tom negativo, o que ajudou a afetar a percepção sobre o país no mundo. Isso foi motivado especialmente pela cobertura extensiva de agitações sociais e protestos, além da perspectiva prévia de que a competição seria caótica.

Quase metade dos textos sobre o Brasil durante a Copa (47%) tinha tom negativo, a proporção de reportagens neutras foi de 14%, e de positivas de apenas 41%, segundo a análise de dados sobre publicações na imprensa estrangeira realizada durante minha pesquisa de mestrado no King's College London.

Mesmo que seja evidente que, ao longo do evento em 2014, o tom tenha mudado e que, ao final da competição, a imprensa internacional tenha reconhecido o sucesso da Copa, ainda foram publicadas várias referências aos problemas sociais do Brasil. Além disso, a cobertura tratou amplamente das causas dos protestos nas ruas, apontando desmandos políticos, corrupção e gastos excessivos do governo com a Copa.

O tom da cobertura mudou ao longo do tempo. Apesar de ter consolidado um volume maior de reportagens negativas durante a cobertura, o tom crítico da mídia internacional registrado desde antes da Copa de 2014 ajudou a formar uma expectativa global muito baixa para o evento no Brasil. Quando a Copa começou e os problemas esperados foram sobrepostos pela imensa festa mundial do futebol, o tom geral passou a ser mais positivo, criando uma ideia de "melhor Copa de todos os tempos".

A Copa de 2014 aumentou exponencialmente a visibilidade do Brasil no exterior através da cobertura que a imprensa internacional fez do evento, mesmo que muita atenção tenha sido dada a problemas do país.

Um estudo realizado pelo sociólogo e documentarista brasileiro Julio Matos revelou que somente o jornalismo da rede britânica *BBC*, por exemplo, deu quatro vezes mais visibilidade ao país no período que antecedeu e no qual foi realizada a Copa, em comparação ao mesmo período em anos anteriores – um holofote bem eficiente para tornar o Brasil mais presente no imaginário dos ingleses.

"Apesar de ampliar a visibilidade ao país, o jornalismo da emissora criou uma visão negativa em relação ao Brasil neste período que antecedeu os jogos", explicou Matos. Segundo ele, a cobertura jornalística da *BBC* seguiu uma tendência mundial em relação aos assuntos abordados, enfocando quase sempre com viés negativo problemas como a violência, o atraso nas obras, a epidemia de dengue e a falta de água.

O lado positivo é que, depois do início da competição, o futebol roubou o foco e a imagem projetada se tornou menos negativa. "Na prática, depois do primeiro apito do juiz, todas as críticas e denúncias cederam lugar a uma enxurrada de gols, dribles e astros do esporte."

O estudo de Matos, uma análise sobre a imagem do Brasil produzida pela *BBC* no período que antecedeu o início da Copa do Mundo, foi o trabalho de conclusão do mestrado pela Universidade de Goldsmiths, na Inglaterra. Ele avaliou não apenas a produção jornalística, mas também os documentários e os programas de entretenimento que de alguma forma abordaram o Brasil. "Naquele período, o Brasil estava passando por uma ebulição política e social decorrente dos protestos de junho de 2013. E, com a proximidade da Copa do Mundo, o país entrou na pauta da emissora com muita força. Matérias jornalísticas, documentários, programas culinários e turísticos foram produzidos sobre o Brasil para todos os públicos, tanto na Inglaterra quanto em outras partes do mundo (através da *BBC World*)", explicou.

Ele mapeou tudo o que foi veiculado sobre o país no mês que antecedeu o início da Copa de 2014 em todos os canais da emissora (TV, rádio e internet), catalogou este conteúdo e, por fim, realizou uma análise classificando-o entre positivo e negativo em relação à imagem do Brasil, e positivo ou negativo em relação ao governo brasileiro.

"A partir disso, pude observar que a cobertura jornalística da *BBC* seguiu uma tendência mundial em relação aos assuntos abordados – violência, atraso nas obras, epidemia de dengue, falta de água etc. – e também em relação ao viés: negativo, em sua grande maioria", disse.

Na avaliação de Matos, a surpresa da pesquisa ficou por conta do conteúdo não-jornalístico veiculado pela *BBC*, com uma grande densidade de produção documental que criou um contraponto crítico ao jornalismo tradicional.

"No entanto, é muito difícil saber se o contraponto que o conteúdo não-jornalístico exerceu na cobertura da Copa surtiu algum efeito na imagem que o inglês teve do Brasil neste período. Primeiro, porque a minha pesquisa não se estendeu à percepção da audiência; segundo porque este tipo de conteúdo não foi mais veiculado quando a competição começou", disse.

UM LEGADO DESASTROSO

Depois da festa, a ressaca.

Quase um ano depois do fim da Copa do Mundo no Brasil, o torneio continuava afetando a imagem internacional do país – frequentemente de forma negativa. Dezenas de reportagens publicadas pela imprensa internacional em maio de 2015 destacavam o abandono dos estádios construídos para o evento e o "legado desastroso" que a competição deixou.

Segundo a mídia estrangeira, o torneio teve gastos absurdos e criou "elefantes brancos", que um ano depois sediavam festas de criança e eram usados até mesmo como estacionamento, enquanto o Brasil se afundava em uma crise política e econômica (sem falar do futebol, que não avançou e enfrentava novos escândalos). Em vez de ajudar a promover a imagem de um país moderno, a competição serviu para reforçar uma reputação negativa do Brasil, já criando um clima igualmente desfavorável para as Olimpíadas no ano seguinte.

A evidência de um ano após o evento reforçava o que havia sido revelado por estudos acadêmicos sobre o impulso dado à projeção internacional do Brasil por conta da Copa, e à imagem mais negativa mostrada ao mundo.

Segundo a *NPR*, rádio pública dos Estados Unidos, depois da imensa festa da Copa, o Brasil tinha que lidar com a ressaca "na forma de estádios 'elefantes brancos' e de projetos inacabados de infraestrutura". "O estádio mais caro da Copa do Mundo – localizado na capital, Brasília, e com uma etiqueta de US$ 550 milhões – está sendo usado como estacionamento de ônibus."

A rede americana *Fox News* partiu dos gastos para apontar mais problemas. "O desperdício de US$ 3,4 bilhões", diz uma chamada do site latino da rede. "Os estádios da Copa do Mundo no Brasil estão sendo usados para festas infantis, como estacionamento de ônibus e abrigo de invasores sem teto", dizia o título da reportagem.

A *Fox News* destacava que estádios foram construídos em cidades que não têm tradição no futebol e que acabam sem uso e viram "o que muitos críticos do torneio de futebol previam: um elefante branco caro demais para ser mantido pelo estado e que tem pouco propósito agora que o torneio deixou a nação sul-americana". Os estádios da Copa do Mundo são um "símbolo dos gastos exagerados e do legado desastroso da organização do torneio".

O mês de maio de 2015 foi marcado pelo destaque dado pela imprensa estrangeira ao legado negativo da Copa. Logo no início do mês, uma reportagem da agência *Associated Press (AP)* foi publicada por dezenas de veículos em inglês, incluindo *The New York Times*. "Estádios da Copa do Mundo deixam um legado problemático no Brasil", dizia o título.

"O Brasil gastou bilhões de dólares renovando e construindo estádios da Copa do Mundo que deveriam ajudar a modernizar e melhorar o futebol local. Quase um ano depois do fim do torneio, o país ainda está tentando decidir o que fazer com eles", dizia a *AP*.

Segundo a revista de economia *Business Insider*, a Copa não mudou muito no país e podia até ser apontada como responsável por piorar ainda mais os problemas fiscais do Brasil, acelerando os problemas econômicos pelos quais passava naquela época. "Em vez de torrar dinheiro em estádios grandiosos e corrupção, o Brasil deveria ter investido em projetos de infraestrutura", dizia.

Segundo a publicação, em vez de melhorar a situação do país, a Copa e as Olimpíadas podiam jogar o Brasil numa crise ainda maior. "Esta é a maldição desses eventos gloriosos. As Olimpíadas foram o chute final que empurraram a Grécia no abismo. No próximo ano, Os Jogos de Verão vão acontecer... no Rio de Janeiro."

IMAGEM RESISTE EM MEIO A DESASTRES

O clima do noticiário internacional em relação ao Brasil no início de 2016 era de desastre.

Em uma série de textos muito críticos sobre a política brasileira, o cenário descrito na mídia estrangeira se tornou tão negativo que o historiador britânico Kenneth Maxwell chegou a dizer que a imagem do Brasil não poderia estar pior.

As crises política e econômica, as denúncias de corrupção, o risco de violência, o desastre ambiental em Mariana e o surto de Zika pareciam criar a "tempestade perfeita" para destruir a reputação internacional do Brasil – mas os estudos sobre "marca país", que avaliam a forma como os países são vistos no exterior, indicavam que, mesmo que tudo isso fosse muito ruim, ainda não chegava a afetar a essência da imagem do Brasil.

Segundo o consultor britânico Simon Anholt, especialista em imagens de países, o acúmulo de notícias negativas naquele período não afetaria a reputação do Brasil. Em uma avaliação sobre a percepção externa do Brasil, ele explicou que só um desastre completo com consequências de muito longo prazo alteraria realmente o que o mundo pensa sobre um determinado país.

Por mais que o noticiário de 2016 desse a impressão de ser esse desastre real, ele estava apenas amplificando um discurso que poderia não ter um efeito real sobre a imagem da nação. Visto em retrospecto, o cenário parecia ser parte dos primeiros sinais do que se consolidada pelos anos seguintes como uma piora real da imagem do Brasil.

Anholt comentava à época o rebaixamento da nota de crédito do país, que deixava de ser reconhecido como grau de investimento, o que afetava a avaliação de investidores estrangeiros sobre o país, mas não mudava necessariamente a forma como a população estrangeira pensava sobre o Brasil. "A maioria das pessoas nem sabe o que significa grau de investimento, e se for explicado o rebaixamento do Brasil, a primeira coisa que elas vão dizer é que sempre pensaram que o Brasil fosse pobre de qualquer jeito." Segundo ele, nem mesmo uma catástrofe econômica mudaria os estereótipos que o mundo tem do Brasil, que já são de um país não muito rico financeiramente, mas de grande riqueza de cultura e do seu povo.

Os dados divulgados em novembro de 2015 mostravam que o Brasil na verdade tinha subido uma posição no ranking global de imagens de nações e era o 20º país mais admirado do mundo. Uma semana antes da divulgação do NBI, um outro índice sobre imagem do Brasil também indicava que "crises internas não são exportadas". Segundo o Latin American Country Brand Report, relatório da FutureBrand, o Brasil continuava liderando o ranking de "marca país" mais fortes da América Latina. A avaliação considerava que, mesmo com as crises, a reputação do Brasil ainda era a mais valiosa da região, com uma imagem ainda fortemente marcada por estereótipos como futebol, samba, praia e café.

Um outro estudo, publicado em janeiro de 2016, trazia uma avaliação semelhante. Segundo o ranking "Best Countries", divulgado pela consultoria internacional WPP, mesmo com toda a crise, o Brasil era o 20º "melhor país do mundo". O ranking levava em consideração a ideia de que "por trás da riqueza e do sucesso de um país estão as políticas que criam possibilidades, as pessoas que se esforçam e a história que molda o ambiente e a perspectiva", dizia.

Todos esses levantamentos confirmavam uma tendência positiva para a "marca Brasil", e o fato de que as crises internas, por piores que parecessem, ainda não afetavam a reputação do país no resto do mundo.

A imagem do Brasil está muito ligada ao estereótipo de país "mais decorativo de que útil", mais "simpático" do que "admirado", como Anholt costuma explicar. Isso porque o Brasil é visto como um "país de festa" e tem uma boa imagem em questões relacionadas a lazer e diversão, mas uma reputação fraca em assuntos sérios como política e economia. Além disso, Anholt dizia então que as imagens internacionais dos países não costumam sofrer mudanças radicais, e os estereótipos têm grande potencial de se manter fortes na forma como o resto do mundo interpreta as outras nações.

"Um dos motivos pelos quais as pessoas amam o Brasil é porque não pensam no país como sendo financeiramente rico. As pessoas pensam que o Brasil é rico em cultura, rico em paisagens, rico em ecologia e rico em estilo de vida. Prosperidade econômica sempre foi algo que as pessoas tiveram dificuldade de entender no contexto do Brasil", explicou.

"Se a economia de um país entra em colapso e fica assim por muitos anos, isso pode ter algum impacto na forma como o resto do mundo pensa sobre aquele país. Mas os altos e baixos tradicionais do ciclo da economia, por mais que sejam dolorosos para os brasileiros, mal são percebidos pelas pessoas nos outros países", disse. "Infelizmente ou felizmente, o Brasil tem essa imagem estereotipada de um país de festas. Honestamente, muitos países têm imagem pior que essa. É uma imagem boa para o turismo do país, ajuda alguns produtos de exportação, é realmente ok. Esta é a imagem com a qual o Brasil está preso, e o país tem que explorar isso da melhor forma possível", disse.

A piora do cenário nacional nos anos seguintes mostrariam que a percebida estabilidade da imagem do Brasil não se seguraria por muito mais tempo. Como apresentado ao longo deste capítulo, a reputação brasileira começaria naquele momento de crise a se afundar.

EXPECTATIVA DE FESTAS E FILME QUEIMADO

Logo que o Brasil foi indicado como sede da Copa do Mundo de 2014 e das Olimpíadas de 2016, Anholt avaliou o possível impacto dos dois eventos para a "marca Brasil" no resto do mundo. Para ele, o país deveria aproveitar para mostrar ao resto do planeta que tinha capacidade de ser uma nação séria, com infraestrutura e serviços de qualidade, e não apenas um país de festas, como o Brasil já era visto internacionalmente. Nos termos de Anholt, o Brasil tinha que deixar de ser um país apenas decorativo no cenário global.

Mas o país não seguiu a sugestão do consultor, e a imagem superficial de um lugar festivo se manteve. O mesmo começava a se desenhar um ano antes das Olimpíadas do Rio, quando o Brasil já reforçava a imagem de país só de festas. Enquanto jornais internacionais criticavam problemas relacionados à organização do evento, incluindo grande divulgação da poluição das águas da cidade, muitas publicações começavam a falar sobre a grande festa que ocorreria no país.

Um artigo publicado pelo jornal francês *Le Monde* já indicava em 2015 que o mundo ia olhar para o Brasil mais uma vez em busca, acima de tudo, de diversão. "O Brasil pretende fazer dos Jogos do Rio a maior festa do esporte", dizia. "Ainda falta um ano de espera, mas o coração do Brasil já bate mais forte."

O jornal britânico *The Daily Telegraph* ia na mesma linha. "Jogos Olímpicos de 2016, no Rio, vão ser loucos, maus e perigosos – mas totalmente únicos", dizia. O texto comparava as Olimpíadas a um carnaval – mais um clichê do Brasil.

Poucos meses depois, enquanto lançava nos Estados Unidos um livro sobre sua experiência como correspondente da *Associated Press* no Brasil, a jornalista Juliana Barbassa dizia que os Jogos no Brasil revelariam contrastes de um país que brincava com o perigo. O livro *Dancing with the Devil in the City of God* é o retrato de um Brasil complicado, cheio de problemas, com uma complexidade que vai além dos clichês mais populares no resto do mundo, e que tem um grande potencial muitas vezes não realizado.

Barbassa explicou que, ao escrever para um público internacional, é importante encontrar um ponto de conexão entre a pauta do Brasil e o leitor estrangeiro, e disse que, um ano antes dos Jogos, a linha editorial da *AP* era "Olimpíadas, Olimpíadas, Olimpíadas". Nesse sentido, os Jogos iriam ajudar a revelar ao mundo os contrastes do país real, buscando reforçar a imagem do Brasil e fugir dos estereótipos de sempre.

Esse holofote midiático gerado por veículos de imprensa do mundo todo de repente prestando atenção ao Brasil poderia vir a se tornar um problema para a imagem do país, segundo Anholt. Grandes eventos internacionais, como a Copa e a Olimpíada, fazem o mundo ver uma abundância de notícias sobre a realidade do país sede, o que pode frustrar as expectativas dos estrangeiros. As Olimpíadas, segundo ele, se consolidavam como uma ameaça à imagem do país, assim como a Copa havia manchado a reputação brasileira.

A expectativa negativa e a ideia de que as Olimpíadas brasileiras poderiam "queimar o filme" do Brasil foram defendidas também por Peter Hakim, presidente emérito do think tank Inter-American Dialogue. Em um artigo, o pesquisador dizia que nenhuma edição dos Jogos Olímpicos até então havia acontecido em um país em situação tão turbulenta quanto o Brasil em 2016. Ele alegava que, mesmo que tudo corresse bem e as Olimpíadas acontecessem de forma perfeita, "o Brasil vai ficar com sua imagem manchada".

Hakim também alegava que o evento daria visibilidade aos problemas do país: crise política, impeachment, recessão, corrupção, problemas na infraestrutura do evento, falência do Rio de Janeiro, violência e Zika. Segundo ele, milhares de jornalistas iam estar no Rio atentos a tudo o que acontecia dentro e fora dos locais de competição. A cobertura estrangeira, ele dizia, trataria dos problemas, sem levar em consideração que o país havia avançado muito nos últimos 30 anos. "A pobreza, a desordem e os riscos físicos aos brasileiros comuns vão ser amplamente documentados."

De fato, os problemas do Rio e dos Jogos poucos meses antes do início do evento já dominavam a atenção da imprensa estrangeira, que era muito crítica. Um dos focos da cobertura era a questão da segurança, mas era comum que as reportagens listassem os problemas do país. Semanas antes do começo das Olimpíadas, houve até um aumento no número de textos sugerindo o cancelamento do evento no Rio, como um artigo publicado pelo site da rede norte-americana *Fox* e outro, publicado no começo do ano, pela revista de economia *Forbes*.

MEDALHA DE OURO PARA OS ESTEREÓTIPOS

No fim, foi uma grande festa. E um alívio ainda maior que as Olimpíadas tenha passado sem grandes sobressaltos.

A exemplo do que aconteceu durante a Copa do Mundo de 2014, o clima de pessimismo que se viu na imprensa internacional antes do início do evento global foi substituído por uma surpresa positiva. Com as expectativas tão em baixa, o Rio conseguiu manter tudo dentro do controle e foi feliz ao evitar problemas e fazer seu evento. No fim, (quase) tudo deu certo. O Brasil superou as expectativas e não só passou pelo evento sem ter sua imagem manchada, como mostrou que sabe festejar como nenhum outro país.

O evento foi um sucesso, é verdade, mas essa avaliação pode esconder seu verdadeiro efeito sobre a reputação internacional do Brasil.

Apesar de ter acertado na organização e de ter saído das Olimpíadas recebendo elogios por todo o mundo, o Brasil falhou na sua tentativa de usar grandes eventos internacionais para transformar sua "marca" global. Em vez de melhorar sua reputação, os jogos serviram para reforçar estereótipos e consolidar a imagem do Brasil como um país decorativo, pouco sério.

Na primeira década do século XXI, quando o Brasil ganhou o direito de sediar a Copa e a Olimpíada, tudo ia bem na economia e que o país vendia no exterior a imagem de uma potência ascendente, a ideia era que poderíamos mostrar ao mundo que nossa nação é mais do que praia, carnaval e futebol — tanto que o então presidente Lula comemorou a conquista alegando que o

Brasil viraria um país de "primeira classe". Passados os dois eventos, escapamos do vexame, mas reforçamos os clichês já conhecidos do Brasil no mundo: somos um país de festa.

Parte da imprensa internacional encerrou a cobertura apontando o que viria para o país a partir de então: a comemoração seria trocada pela "dura realidade" de impeachment e recessão.

Ao fim dos jogos, milhares de turistas saíram satisfeitos e empolgados até mesmo com a ideia de voltar ao Brasil. O país reforçou a sua marca de um bom lugar para conhecer e se divertir. Todo o noticiário sobre problemas do país, entretanto, reforçavam a imagem de que pode não valer muito a pena ir além do lazer. O país vale só por suas festas.

Pesquisas de opinião sobre a reputação de países costumam indicar que o Brasil é visto como um lugar de povo amigável, de cultura forte, com ambiente para turismo e diversão. Por outro lado, não aparece bem em avaliações sobre seriedade política ou eficiência econômica. Isso não chega a ser um problema.

Poucos países conseguem aliar lazer e eficiência, e o exemplo de nação "decorativa" é a Itália, que vai muito bem mesmo assim. O Brasil poderia aproveitar para capitalizar este perfil. Segundo uma pesquisa do Ministério do Turismo, nove entre dez estrangeiros que visitaram o país pela primeira vez nos Jogos tinham intenção de voltar.

A impressão deixada pelas Olimpíadas no resto do mundo foi positiva, mas o balanço de reportagens ainda poderia pesar para o lado mais negativo. Tinha sido assim na Copa, que teve um roteiro de cobertura parecido com o dos Jogos Olímpicos. O estereótipo do Brasil como um país de festas também tinha sido um dos mais repetidos na cobertura da Copa – assim como foram martelados os gastos exagerados do país para organizar o evento e as tensões sociais enfrentadas nacionalmente.

A diferença entre Copa e Olimpíadas ficou no espectro político. Em 2014, mais de 30% das reportagens que citavam o Brasil na imprensa internacional mencionavam a tensão social e política no país, dando destaque aos protestos contra o governo. Na cobertura da Olimpíada, foram muitas as menções à crise política e à recessão econômica, mas a ausência de protestos e confrontos nas ruas dava a impressão de menor tensão social – o que aparecia com maior frequência eram as explicações sobre o impeachment e a recessão.

Mesmo durante as Olimpíadas parecia ainda haver um certo mau humor e interesse em mostrar com destaque exagerado o que estava indo fora do roteiro. Tanto que o ex-correspondente do *New York Times* no Brasil, Roger Cohen, escreveu uma coluna pedindo que os estrangeiros tivessem um pouco mais de boa vontade com o país. "Estou cansado, muito cansado, de ler reportagens negativas sobre as Olimpíadas brasileiras", escreveu.

Além dos clichês básicos, o patriotismo e a desigualdade se juntaram em um destaque da imagem brasileira. Durante as Olimpíadas, não faltaram análises estrangeiras indicando o orgulho dos brasileiros ao sediar os Jogos, torcer pelos seus atletas, bem como o alívio nacional de ela passar sem problemas.

APÓS A FESTA, O CAOS

"O Rio de Janeiro está complicado."

A frase foi dita por um brasilianista, professor em Londres, durante uma conversa privada logo após a abertura do ano acadêmico de doutorado do Brazil Institute do King's College London, em 2017. Foi pronunciada no mesmo momento em que a capital fluminense registrava mais uma das graves ondas de violência, mas se referia à situação da cidade em geral, incluindo a dificuldade de realizar pesquisas acadêmicas, já que o professor acabava de voltar de uma temporada de estudos no Rio.

Apesar de genérica e simples, a definição de "complicado" parecia resumir a forma como o resto do mundo via o Rio de Janeiro um ano após os Jogos Olímpicos. Caos urbano, crise financeira, explosão de violência. Tudo isso enquanto a cidade que é símbolo do Brasil no imaginário dos estrangeiros deveria estar aproveitando o legado do maior evento esportivo do mundo.

Um ano após se tornar principal foco dos holofotes internacionais e de entregar um evento bem acima das expectativas estrangeiras, o Rio de Janeiro era visto como tendo sido tomado pelo caos e pela violência – em um símbolo da gravidade da crise que atingia todo o Brasil.

Bem além da atenção crítica dada ao "legado" dos Jogos quando se completou o primeiro ano desde seu encerramento, este olhar estrangeiro sobre a situação da época era menos temporal, mas mais chocado com o tamanho do problema, com a amplitude da violência.

A insegurança no estado do Rio já vinha recebendo mais atenção especialmente no Reino Unido depois que uma inglesa foi baleada durante viagem de turismo. "Turistas no Brasil ocasionalmente são atacados quando, por acidente, entram em favelas, que muitas vezes são dominadas por gangues", dizia uma das reportagens à época, já associando o Rio à violência.

O Rio, disse então o jornal francês *Le Monde,* vivia uma "guerra não declarada" um ano após a Olimpíada.

Na mídia internacional, os tiroteios nas favelas, na época, ganharam atenção especial, com grande destaque dado ao uso de forças militares para tentar conter a violência.

"Depois de uma semana de intensos tiroteios entre gangues rivais e a polícia, o Exército do Brasil foi enviado para cercar a favela da Rocinha, no Rio de Janeiro", dizia reportagem do jornal britânico *The Guardian.*

"Uma cidade repleta de comércio, vielas e pequenas ruas movimentadas, a Rocinha é a maior favela do Brasil. Ela se tornou emblemática do ambicioso programa de pacificação para expulsar traficantes de drogas após uma invasão pelo exército em 2011. Agora se tornou um outro símbolo da piora da violência da cidade apenas um ano após ela sediar a Olimpíada", avaliava o jornal.

As agências internacionais de notícias também veicularam textos sobre a situação da Rocinha, e a rede *BBC* publicou uma série de fotos mostrando tanques de guerra sendo usados na ação dos militares.

Os Jogos também foram lembrados pela reportagem publicada pela agência de economia *Bloomberg.* "A Rocinha, que separa alguns dos bairros mais ricos do Rio, como a Barra da Tijuca, onde a maior parte dos Jogos de 2016 aconteceu, foi marcada pela violência e tiroteios por seis dias consecutivos enquanto a polícia tentava controlar a guerra entre suas quadrilhas rivais que lutam para controlar o tráfico de drogas", explicou.

Toda avaliação da situação da cidade parecia tomada por algum choque em relação ao contraste com o que se esperava para o Rio após os Jogos. Esperava-se um legado de bonança, e vieram a crise e o aumento da violência.

Em um momento assim, talvez a análise externa mais precisa tenha sido a da jornalista e escritora Juliana Barbassa, em um artigo publicado na revista *Americas Quarterly*. Segundo ela, o objetivo das Olimpíadas não era o de melhorar a vida no Rio, mas enriquecer o bolso de poucos.: "O verdadeiro objetivo dos Jogos era desviar toneladas de dinheiro público para bolsos privados através de lucrativos contratos de construção gerados pelo evento", escreveu.

UM PAÍS REBAIXADO

Apesar da resistência da imagem tradicional e da demora em se consolidar um reflexo dos problemas do país na percepção externa, o ano de 2017 ficou marcado como o início de uma série de rebaixamentos na reputação do Brasil no resto do mundo. A percepção a respeito do país piorou em todo o planeta no período, segundo os principais estudos que avaliam a imagem do Brasil no exterior. Em muitas das pesquisas de opinião globais, o país aparecia em seu pior momento em mais de uma década de estudos deste tipo.

Um levantamento daquele ano revelou que, em sete das principais análises sobre a "marca" do Brasil, a imagem internacional do país caiu muitas posições nos rankings com várias nações do mundo. Em alguns dos estudos a queda foi de mais de dez posições, e em outros o Brasil chegou à pior posição da história.

Todas as medidas de soft power, de reputação e sobre a forma como o Brasil é percebido no resto do mundo mostravam que a imagem do país piorou no mesmo período em que mais tentava se promover globalmente, chegando a sediar a Copa do Mundo e as Olimpíadas para atrair a atenção global. Por mais que usem metodologias diferentes, todas as pesquisas confirmavam a mesma tendência: o Brasil perdeu seu potencial de atrair e encantar.

Em 2017, o país obteve a sua pior posição em mais de dez anos do Anholt-GFK Nation Brands Index, a pesquisa mais citada e respeitada sobre reputação das nações. Depois de passar anos classificado em torno do 20º lugar até antes da Copa do Mundo, tornou-se o 25º colocado um ano após os Jogos Olímpicos.

Em questão de quatro anos, entre 2013 e 2017, o Brasil perdeu dez posições no levantamento Country RepTrak, caindo da 21ª para a 31ª. Além disso, perdeu o primeiro lugar como a nação com a melhor reputação na América Latina para a Argentina, no FutureBrand Country Brand Report. Em uma medida mais diretamente relacionada ao soft power, o Brasil passou do 23º lugar em 2015 para penúltimo (29º) na lista Soft Power 30 em 2017. Mesmo um ranking mais recente de reputação internacional, o Best Countries, primeiro desenvolvido após o país sediar a Copa do Mundo, mostrou que o Brasil caiu do 20º lugar em 2016 para o 28º em 2017.

O índice Good Country mostrou que o Brasil caiu da 49ª posição entre os países com maior contribuição para a humanidade em 2015 para o 80º lugar no ranking de 2017. Embora os acadêmicos que desenvolveram o ranking argumentem que não é correto tratar a queda como tal, uma vez que houve uma mudança de metodologia, isso mostra que o Brasil não estava se esforçando para ajudar o mundo, o que está fortemente correlacionado com a percepção estrangeira de uma nação.

Por outro lado, um estudo de como o Brasil é retratado na mídia internacional mostra que, em menos de uma década, o tom utilizado pela imprensa internacional para se referir ao país foi de 80% positivo para 80% negativo em 2017.

De acordo com a análise *I See Brazil*, entre o ano anterior à Copa do Mundo e o ano após os Jogos Olímpicos, a proporção de reportagens com tom negativo na imprensa estrangeira passou de 3,6 em cada dez menções, em 2013, para oito em dez, em 2017. Para muitos pesquisadores, a cobertura da mídia estava relacionada ao desenvolvimento da imagem de um país, embora seja correto avaliar que a perspectiva negativa da mídia sobre um país mostra problemas reais que a própria nação enfrenta.

Não existe uma explicação simples para justificar uma piora tão marcante na avaliação do Brasil no mundo em tantos rankings diferentes, mas é fácil perceber que a situação política e econômica do país, bem no momento em que os holofotes globais se concentravam sobre ele, tenha contribuído para isso.

Por mais que a realização da Copa do Mundo e das Olimpíadas tenha sido considerada bem-sucedida, ao sediar eventos globais de grande visibilidade como estes, o Brasil se expôs ao mundo, com todas as suas falhas e em meio a graves crises. O resto do planeta reconheceu, mais uma vez, que o Brasil sabe realizar grandes festas globais, mas reforçou a sua percepção de que isso é o máximo que o país consegue fazer. O Brasil atraiu a atenção internacional, mas, por conta das crises, não conseguiu promover sua imagem como uma potência emergente e séria em termos de política e economia.

Alguns dos levantamentos de imagem mencionados acima chegavam a citar a pior recessão da história, os imensos escândalos de corrupção, a crise política, o impeachment de Dilma Rousseff, a perda de credibilidade dos políticos do país, o aumento da violência e, especialmente, a piora na qualidade de vida da população, como causas para essa piora na imagem.

Embora não exista um modelo de medida e avaliação de imagem internacional de países que seja aceito de forma unânime, pesquisadores da área argumentam que esses índices com diferentes metodologias normalmente se apoiam e se complementam, o que significa que a medida tem alguma base no que realmente é a imagem do país.

A decisão de sediar a Copa e as Olimpíadas foi vista como parte de uma estratégia de longo prazo do Brasil para promover e melhorar a sua imagem internacional, aumentar seu soft power e avançar na ambição de fazer o país se tornar um ator global importante nas relações internacionais. O governo brasileiro comemorou as conquistas e passou a desenvolver um plano para mudar a marca do Brasil, mostrando o país como uma nação séria e moderna, que passaria a ser vista como mais do que praia, Carnaval e futebol. Os dois eventos faziam parte de um projeto de diplomacia pública para melhorar a reputação do país, simbolizando a ascensão do Brasil no cenário internacional. Os eventos seriam uma oportunidade de mostrar ao mundo que o Brasil era um país moderno e emergente, em seu caminho para se tornar uma potência global.

A leitura dos dados sobre reputação indica claramente a piora da percepção global sobre o Brasil no período antes e depois dos grandes eventos. Isso não quer dizer, necessariamente, que a Copa e as Olimpíadas tenham piorado a imagem do Brasil. Os eventos funcionaram da forma como era esperada, ampliando a visibilidade do país no resto do mundo. O problema é que a imagem mostrada nesse período foi marcada pelas graves crises enfrentadas pelo Brasil, então o objetivo de mostrar um país "mais sério" ou moderno e desenvolvido não funcionou. O que o mundo viu foi um país cheio de problemas, mas capaz de realizar uma grande festa. Isso não mudou a imagem do país e apenas reforçou os estereótipos que já existiam.

HOLOFOTES DESLIGADOS

Para o mal e para o bem, o Brasil conseguiu atrair os holofotes internacionais para o que acontecia no país entre 2014 e 2016. O crescimento econômico impulsionado pelo *boom* das commodities na virada da década anterior e a estabilidade política durante anos de governos do PSDB e do PT haviam servido para minimizar como nunca antes as desconfianças do resto do mundo e criar um grande otimismo. Passados os dois grandes eventos globais (e o impeachment de Dilma Rousseff), os holofotes que miravam o país foram "desligados".

Uma reportagem da revista *Piauí* revelou, em abril de 2017, que estava acontecendo uma "debandada dos correspondentes estrangeiros do Brasil". A ideia era que o país havia se tornado menos atraente para o resto do mundo por conta da série de crises e do fim dos Jogos Olímpicos, e assim passou a ter menos jornalistas de outros países. Mesmo sem ter um dado nacional, a reportagem dizia que, dos 120 correspondentes cadastrados no Rio de Janeiro, ao menos trinta já haviam ido embora.

De fato, havia um aparente movimento de encolhimento do espaço destinado ao Brasil no resto do mundo, mas era difícil mostrar isso com dados e estudos que comprovassem a tese. Soava errado interpretar o encolhimento da cobertura como "desinteresse" internacional, assim como dizia o título da reportagem: "Não interessa mais".

A interpretar pela intensa cobertura que a imprensa estrangeira ainda fazia das reformas econômicas propostas pelo então presidente Michel Temer, da crise política, da possível retomada econômica, das investigações da Lava Jato e de episódios como a Operação Carne Fraca, o interesse em temas relacionados ao Brasil continuava existindo, sim, e não era pouco.

O ponto central da discussão é entender que 2016 foi um ponto muito fora da curva na cobertura internacional sobre o Brasil. Com Jogos Olímpicos, epidemia de Zika, microcefalia, desastre em Mariana e o impeachment de Dilma Rousseff, o país esteve nos holofotes do resto do mundo como nunca – daí que seja natural perceber uma redução na atenção após algum tempo.

Segundo o *I See Brazil*, principal estudo a contabilizar o volume e o tom da cobertura da imprensa internacional sobre o Brasil, a quantidade de reportagens sobre o país no resto do mundo subiu 75,68% em 2016, passando de 1.908 menções em 2015 para 3.352 textos no ano das Olimpíadas e do impeachment (considerando uma amostra dos principais veículos impressos do planeta). Partir desse volume imenso de cobertura em 2016 para interpretar o interesse internacional seria, portanto, um erro.

Seria natural que esse índice mostrasse uma volta do país a uma situação semelhante à de 2015, ou até menor, visto que antes havia ainda uma onda de interesse externo iniciada em 2014, com a Copa do Mundo.

O movimento de correspondentes estrangeiros e a "debandada" de muitos deles seriam normais em um cenário assim, e era mais claramente perceptível no Rio de Janeiro, cidade que centralizou a atenção naquele ano. Considerando que muitos desses correspondentes internacionais se conheciam e conviviam durante o tempo morando na mesma cidade, a percepção de que havia uma debandada era clara entre muitos deles. Daí o relato anedotário sobre esse êxodo e a redução percebida pela Associação dos Correspondentes da Imprensa Estrangeira no Brasil.

Além disso, o êxodo retratado pela revista tem uma série de casos que talvez não possam ser entendidos como "debandada". A reportagem começa falando do *New York Times*, que estava simplesmente mudando de correspondente. Falava também do fechamento de um escritório da rede britânica *BBC* no Rio, sem indicar que a mesma *BBC* estava na mesma época com sete vagas abertas em São Paulo, além de outras quatro abertas no serviço brasileiro em Londres, em um movimento que indicava a ampliação do interesse no Brasil.

Outra questão importante seria tratar sobre como essa imprensa internacional faz a cobertura sobre o país. O Brasil se tornou claramente mais visível no resto do mundo ao longo das últimas décadas, e com isso passou a atrair mais jornalistas estrangeiros. Durante esse período, entretanto, muitos passaram a conhecer bem o país, a ter fontes entre políticos e no mercado, e voltaram para seus países de origem, mesmo que continuassem cobrindo a situação do Brasil.

Brian Winter, editor-chefe da *Americas Quarterly*, por exemplo, explicou que este era seu caso. Depois de morar muitos anos em São Paulo, ele voltou para os Estados Unidos, mas continuava de olho no Brasil. "Ouço a *CBN* no metrô de Nova York", contou. É um caso parecido com o site da revista *Forbes*, que publica reportagens regularmente sobre o Brasil sem ter um correspondente fixo no país. Aconteceu ainda com Alex Cuadros, que veio ao Brasil cobrir os bilionários do país pela *Bloomberg*, acabou deixando o Brasil, mas continuou escrevendo com certa regularidade sobre temas nacionais em vários veículos da mídia americana.

Talvez se possa questionar a qualidade dessa cobertura feita à distância (ainda que seja por profissionais extremamente competentes), mas é preciso entender que a saída de correspondentes não representa necessariamente nem mesmo o encolhimento da atenção dada ao país.

O mais importante desse contexto não era o êxodo de correspondentes, mas a clara inversão da onda de euforia estrangeira sobre o Brasil e a mudança da imagem do país. Desde 2014 que a cobertura internacional, ainda que grande, mudou de tom e passou a focar muito mais nos problemas, em um clima evidente de depressão, comprovado por pesquisas e dados sobre a imagem do país. A imagem do Brasil na mídia estrangeira alternou do seu ponto mais positivo ao mais negativo em apenas sete anos, segundo o *I See Brazil*, levantamento realizado regularmente desde 2009 pela agência de comunicação Imagem Corporativa (IC).

Aí está também um ponto importante da segunda edição do livro *Brazil, um país do Presente*, publicada em 2015. No novo prefácio, o então diretor do Brazil Institute do King's College London, Anthony Pereira, argumentava que, apesar da oscilação entre cobertura positiva e negativa, "o mundo está cada vez mais interessado no Brasil, e o Estado brasileiro está mais presente em assuntos internacionais do que jamais esteve antes". Para quem acompanha regularmente há mais de uma década toda a cobertura da imprensa estrangeira sobre o país, a questão mais relevante é entender que existe essa oscilação da imagem, mas que a ascensão da imagem do Brasil no resto do mundo na década passada consolidou-o como um país presente.

ABANDONO CIVILIZATÓRIO

Os protestos de 2013, a Copa e as Olimpíadas se consolidaram como símbolos dessa mudança na imagem internacional do Brasil, com o evidente rebaixamento da sua marca a partir de 2017, mas o processo de desconstrução da reputação do país no mundo continuou com outros problemas nacionais depois daquele ano.

A descrição publicada em alguns veículos internacionais a respeito da segunda semana de greve de caminhoneiros no Brasil, em maio de 2018, lembrava o clima confuso com que foram recebidos os protestos de junho de 2013. A manifestação por reivindicações específicas cresceu, saiu do controle, descambou para a irracionalidade e chegou ao ponto de incluir uma discussão, até na imprensa estrangeira, de assuntos tão disparatados quanto a possibilidade de uma intervenção militar na política. A mera inclusão deste tema no debate indica que o Brasil abdicou de se apresentar ao mundo como nação civilizada.

"O que começou como uma greve na semana passada contra o aumento do preço dos combustíveis se transformou agora em reclamações antigas sobre a baixa qualidade dos serviços públicos, os altos custos de vida e a corrupção na política", explicava uma reportagem publicada no site da rede *Al Jazeera*.

Assim como em 2013, o movimento que começou pequeno, cresceu, se transformou e saiu do controle dos principais grupos políticos do país, na visão de analistas estrangeiros. "A greve confundiu tanto a esquerda quanto a direita em um clima político ferozmente polarizado", avaliava reportagem de *The Guardian*. Fora de controle, os manifestantes agora tentam derrubar o governo de Michel Temer, segundo o título da *Al Jazeera*. O Brasil agora enfrenta pedidos de volta da ditadura militar, dizia o título do jornal britânico.

"Com as Forças Armadas enviadas para desfazer os bloqueios nas rodovias do país, um grupo cada vez mais barulhento de manifestantes radicais está pedindo que os militares assumam o poder", explicava a agência de economia *Bloomberg*.

"O assunto é profundamente controverso no Brasil, que viveu sob uma ditadura militar por 21 anos, nos quais centenas de oponentes do regime foram executados e milhares mais torturados", dizia o jornal inglês. "O número daqueles que defendem a volta da ditadura cresceu por conta dos repetidos escândalos de corrupção", explicava a reportagem.

Apesar de o pedido por ditadura soar insensato, *The Guardian* citou o presidente Temer, alegando que não havia chances de intervenção militar, e entrevistou um cientista político brasileiro que disse que a maioria dos cidadãos do país preferia esperar pelas eleições daquele ano.

Ainda assim, a chegada à imprensa estrangeira de um assunto tão absurdo quanto o pedido por ditadura evidencia o quanto o avanço de ideias reacionárias, que deveriam ficar de fora da política, estava ganhando força.

Até aquele momento, esse discurso radical e sem sentido era ofuscado pelo debate político real, e o simples fato de que se discutia o tema era uma legitimação da voz de pessoas que defendem o fim da liberdade – o que precisa ser combatido em nome do respeito à democracia brasileira. Ditadura e intervenção militar não deveriam sequer serem mencionados em qualquer debate político em um país sério.

Em 2015, avaliando o início da discussão sobre impeachment da presidente Dilma Rousseff, o consultor britânico Simon Anholt, especialista em imagem internacional de países, dizia que a situação era "constrangedora para uma nação que está tentando se apresentar ao mundo como moderna e civilizada". Ao incluir em qualquer discussão atual pedidos por intervenção militar e ditadura, pode-se dizer que o constrangimento ultrapassou todas as barreiras, e o país desistiu de ser apresentado como civilizado.

A ESCOLHA TRISTE DO BRASIL

Enquanto os brasileiros iam às urnas para escolher um novo presidente da República em 2018, o resto do mundo acompanhava atentamente tudo o que acontecia no país. A eleição daquele ano foi um dos eventos com maior cobertura política na imprensa internacional em muito tempo, e essa análise externa do que acontecia no país teria importância e podia ajudar a moldar a percepção que o resto do mundo teria sobre o Brasil a partir de janeiro de 2019.

Mesmo depois de toda a cobertura especial da Copa do Mundo, dos Jogos Olímpicos e do impeachment de Dilma Rousseff, a discussão sobre o futuro da democracia brasileira se tornou um dos temas que mais chamavam a atenção nos últimos anos. No fim de semana em que foi realizado o segundo turno, por exemplo, foram publicadas centenas de reportagens e artigos explicando o dia decisivo para o país, em jornais, revistas, rádios e TVs, em inglês, espanhol, italiano, francês, japonês, chinês e vários outros idiomas.

Em comum em todos eles havia uma tentativa de entender o que levou o país à polarização e uma avaliação preocupada sobre o futuro da democracia brasileira após as urnas.

No título e no texto de uma reportagem publicada pelo jornal norte-americano *The New York Times*, por exemplo, a eleição era descrita como uma das mais importantes da história do país, podendo marcar a ruptura nos rumos da sua política desde a redemocratização. Ao longo dos meses que antecederam o pleito, foram muito frequentes as descrições internacionais que apontavam a eleição daquele ano como a mais importante da história recente do Brasil.

A cobertura internacional sobre as eleições chamava a atenção não apenas pelo grande volume de reportagens e artigos publicados analisando a situação do país, mas também pelo tom quase unânime de crítica ao então candidato Bolsonaro.

Desde antes do primeiro turno, a mídia internacional se debruçou sobre o passado do capitão reformado, sobre suas propostas políticas e especialmente sobre suas declarações marcadas por autoritarismo. A liderança de Bolsonaro nas pesquisas de intenção de voto criou um forte movimento crítico na imprensa internacional – e também de acadêmicos, brasilianistas, intelectuais, políticos e artistas. Enquanto as sondagens apontavam que os brasileiros tendiam a eleger o capitão reformado, e o mercado financeiro global indicava gostar da decisão, a opinião no resto do mundo parecia considerar problemática esta escolha.

Há tempos a mídia estrangeira acompanha atenta e com olhar analítico a política brasileira. O governo de Dilma Rousseff foi foco de grandes debates, os protestos de junho de 2013 se tornaram temas de pesquisas acadêmicas internacionais e o impeachment mobilizou opiniões contrárias e a favor da saída da presidente, bem como gerou debate sobre o uso do termo "golpe", sem nunca haver um consenso. Na situação da eleição presidencial, parecia não haver mais divergência, e o posicionamento crítico a Bolsonaro foi quase unânime. Em quase todas as mais relevantes publicações do mundo, como *The New York Times*, *The Guardian*, *The Economist*, *Le Monde* e *El País*, o posicionamento era contra Bolsonaro – entre todos os veículos internacionais, praticamente apenas *The Wall Street Journal* publicou texto minimizando os riscos da eleição de Bolsonaro, e a revista conservadora *Washington Examiner* disse que ele era opção menos ruim do que o seu opositor.

Mesmo sem defender Fernando Haddad ou o PT (que também eram alvo de críticas na cobertura internacional), o ponto principal de quase tudo o que se lia no exterior era que Bolsonaro seria uma aposta equivocada do país, uma "escolha triste", como argumentou um editorial do *New York Times*.

Eleitores do capitão reformado reagiram a essas reportagens críticas alegando que a imprensa internacional não tinha relevância no Brasil. Não se deveria esquecer, entretanto, que a imprensa do resto do mundo molda parte da base do que as pessoas nos outros países leem e sabem sobre o Brasil. Políticos, empresários, diplomatas e até mesmo turistas podem ter sua percepção do país influenciada por essa cobertura. Se a imprensa internacional como um todo assume um tom crítico falando em risco para a democracia brasileira, era muito provável que as pessoas do resto do mundo passassem a ter essa imagem negativa do Brasil.

A imagem de um presidente costuma ser muito vinculada à percepção internacional do país dele. Isso foi evidente, no caso do Brasil, durante o auge da popularidade de Lula, que teve destaque em grandes encontros internacionais e que chegou a ser chamado de "o cara", o "político mais popular do mundo", pelo então presidente dos Estados Unidos, Barack Obama. Os Estados Unidos em 2018 sofriam com perda de prestígio por causa de Donald Trump, assim como tinham imagem negativa as Filipinas por causa de Rodrigo Duterte, a Turquia por conta de Recep Erdogan, e a Venezuela, de Nicolás Maduro. Os três primeiros eram os líderes internacionais mais frequentemente associados a Bolsonaro na imprensa estrangeira, e havia analistas que o comparavam até mesmo a Hugo Chávez e Maduro, por mais que ele criticasse tanto a Venezuela.

Foi algo parecido com isso o que aconteceu nos Estados Unidos no fim da década de 2010. Com o governo de Trump, o prestígio internacional dos Estados Unidos se reduziu de forma drástica, independentemente de a economia do país continuar crescendo até 2020. O presidente dos Estados Unidos chegou a ser motivo de risos durante um discurso na ONU em 2018. A diferença é que os Estados Unidos continuaram sendo a maior potência internacional, então seus interesses diplomáticos podem se basear em seu poder militar e econômico, sem depender tanto do "soft power".

No caso do Brasil, as coisas são diferentes. O país não é uma potência militar e econômica, e muito do que o país alcança internacionalmente depende do prestígio do país, da imagem que o resto do mundo tem dele. Então a cobertura que a mídia internacional faz sobre o Brasil poderia ter, sim, impactos práticos sobre o posicionamento do país no mundo.

É verdade que os interesses comerciais e políticos das grandes potências e dos principais parceiros comerciais do país provavelmente devem se colocar acima da percepção crítica que se pode ter sobre um eventual governo de Bolsonaro, e não haveria risco de ruptura imediata. Mas, se o Brasil quiser ter um papel de destaque em política internacional, precisa demonstrar para o mundo que é um país democrático, em que minorias e direitos humanos são respeitados, onde a Constituição é seguida e que não caminha para o autoritarismo.

Este foi o foco de uma importante análise publicada pela agência de notícias *Reuters* durante a semana anterior à eleição de Bolsonaro. Segundo o correspondente internacional Dom Phillips, o governo do Brasil poderia mudar a forma como o país era visto no resto do mundo e poderia trazer fortes reações às medidas tomadas pelo país que teriam potencial de afetar o resto do mundo – especialmente quando consideradas questões ambientais, em que a posição do Brasil é fundamental.

O Brasil já tem uma imagem internacional que costuma ser chamada de "decorativa". Na virada do século, especialmente durante os governos de FHC e Lula, houve um esforço do país para promover o Brasil internacionalmente como uma nação que é séria, sim, e que tem um papel fundamental para o planeta. Isso tentou ser construído na base da previsibilidade do país, no respeito às regras, na continuidade da ordem constitucional.

Um rompimento com pilares do tipo que se via com Bolsonaro, uma quebra da ordem constitucional e um possível enfraquecimento da democracia tenderiam a afastar o país ainda mais de qualquer ideia de seriedade em política internacional. Era contra isso que a imprensa internacional alertava no caso de uma possível eleição de Bolsonaro. Para muitos analistas estrangeiros, o então candidato e suas declarações – como a de que iria banir ou prender opositores – representavam um risco à democracia, à estabilidade e às instituições brasileiras. Seguir aquele rumo levaria o prestígio do Brasil no resto do mundo a se reduzir, fazendo o país perder relevância no cenário internacional. O que de fato se consolidou a partir de 2019, como será discutido mais adiante.

LAVA A JATO E SUJA IMAGEM

No contexto da perda de prestígio do país na segunda metade dos anos 2010, a operação Lava Jato tem uma relação complicada com a imagem internacional do Brasil. Por um lado, ela ajudou a projetar ainda mais o país no resto do mundo e a criar no exterior a percepção de que o Brasil poderia não ser mais associado à ideia de impunidade para a corrupção – o que seria muito bom. Por outro lado, a dimensão da projeção reforçou a associação entre o país e os desvios na política, e passou a ser alvo de críticas por sua aparente politização e seu possível impacto sobre a estabilidade política.

"A Lava Jato implodiu a imagem de país sério do Brasil. Depois da Operação Lava Jato, a imagem internacional do Brasil foi ladeira abaixo." A avaliação foi feita não por um ativista político brasileiro, mas por uma pesquisadora de um grande *think tank* americano, especialista em economia brasileira (entrevistada *off the records*). Ela revelava a inversão no papel da operação contra a corrupção, que começou sendo vista como uma mudança positiva no perfil do Brasil, mas que acabou se tornando uma mancha na forma como o país é visto.

A pesquisadora explicou que o começo da Lava Jato foi elogiado no exterior. Iniciada em um momento em que a percepção do país ainda era muito positiva, a operação criou a impressão de que tornaria a reputação do Brasil ainda melhor.

Isso tudo dentro do contexto de um período de euforia com crescimento e estabilidade econômica, com a conquista do grau de investimento de agências de risco e a impressão de que o país seguia no rumo certo. Além de parecer mais com um "país sério" por conta de reformas e compromisso com a estabilidade macroeconômica, o Brasil dava a entender que seria também menos corrupto. A luta contra a corrupção representada pela operação ajudava até mesmo a projetar internacionalmente o soft power do Brasil.

O então juiz federal Sérgio Moro virou celebridade internacional e chegou a ser retratado liderando uma equipe de caçadores de corruptos na capa de uma edição da revista norte-americana *Americas Quartely*. Moro e outros quatro investigadores da América Latina apareciam vestidos de "caça-fantasmas", em uma referência ao trabalho "histórico" que estava sendo feito para combater a corrupção na região, segundo a publicação.

Com o tempo, entretanto, as coisas foram mudando. As avaliações internacionais, que antes eram positivas, começaram a apontar para a fragilidade das instituições brasileiras e os riscos trazidos pela operação. O jornal americano

The New York Times, por exemplo, publicou uma longa análise apontando como a luta contra a corrupção ameaçava a estabilidade do Brasil. Após anos de revelações e escândalos de corrupção, a Lava Jato era vista também como uma ameaça que poderia "destruir o sistema político brasileiro", segundo uma análise publicada pela agência norte-americana de inteligência e geopolítica Stratfor.

A operação também passou de símbolo de seriedade na luta contra a corrupção a uma representação do quanto o país é corrupto de fato. O jornal britânico *The Guardian* publicou uma reportagem detalhada sobre a operação, chamada de "maior escândalo de corrupção do mundo". Segundo reportagem publicada pela *Al Jazeera*, a Lava Jato revelou ao mundo o Brasil como país exportador de corrupção.

A transformação da percepção também está ligada à imagem de politização da operação, segundo alguns dos analistas internacionais. "Se é possível identificar o momento em que a luta contra a corrupção do Brasil saiu dos trilhos, foi provavelmente um episódio que os brasileiros chamam de "o PowerPoint", explicou uma reportagem publicada na revista *The Atlantic*, em referência à entrevista coletiva que acusava o ex-presidente Lula de ser o centro do esquema de corrupção. "Parecia algo feito em cima da hora por um estagiário, mas as implicações não poderiam ser mais sérias", dizia a reportagem.

Da acusação à prisão de Lula, o posicionamento relacionado à politização da Lava Jato ganhou força nas análises internacionais. A revista *The Economist*, por exemplo, indicava que era preciso ir além do ex-presidente para evitar que a operação se tornasse "tendenciosa". A mesma *Americas Quarterly* que chamou Moro de "caça-corrupto" passou a adotar um tom mais crítico. Segundo a avaliação do editor Brian Winter, a investigação se tornou politizada, e passou a ser impossível prever onde ela iria acabar.

A percepção problemática se tornou ainda mais intensa no fim de 2018, quando Moro deixou seu cargo para se tornar ministro do governo de Bolsonaro. A decisão do juiz abriu espaço para questionamentos sobre a legitimidade e a credibilidade da Lava Jato, fortalecendo a tese de viés partidário da operação, segundo pesquisadores estrangeiros que estudam a realidade política e a questão da corrupção no Brasil. Mesmo após a saída dele do governo, a anulação do seu julgamento sobre o ex-presidente Lula e sua intenção de se candidatar à presidência consolidavam a percepção problemática da operação para a reputação brasileira.

A QUEDA CONSOLIDADA

A narrativa internacional sobre a ascensão global do Brasil, tão bem representada pela famosa capa da revista *The Economist* mostrando o Cristo Redentor decolando como um foguete, chegou ao fim em 2018. Apesar da instabilidade política da segunda metade da década e da grave crise econômica vivida pelo país no período, a eleição de Jair Bolsonaro para a Presidência pode ser interpretada como o marco representativo que confirma o encerramento desse ciclo, segundo avaliação do pesquisador chileno César Jiménez-Martínez, especialista em estudos de imagem nacional e imprensa internacional.

"A narrativa específica do Brasil como país em ascensão, pelo menos na forma como estava associada a Lula e ao PT, significando não apenas ter sucesso economicamente, mas também ter avanços sociais e relativa estabilidade política, acabou", disse Jiménez-Martínez em entrevista ao autor. Segundo ele, Bolsonaro não devia ser interpretado como uma falha no sistema político brasileiro, mas como a confirmação do fim do ciclo de ascensão do país.

O pesquisador já havia indicado que a onda de manifestações havia começado a transformar a imagem internacional do país, quebrando a percepção externa sobre o Brasil como um grande caso de sucesso. Com a eleição de 2018, avaliou, o ciclo chegou ao fim.

Jiménez-Martínez rejeitava , entretanto, a ideia de que as chamadas Jornadas de Junho tenham sido responsáveis pelo movimento que levou à eleição de Bolsonaro. "É mais apropriado ver os protestos de 2013 como a expressão visível de uma crise política, social e econômica que estava se aproximando no Brasil. Os protestos foram uma manifestação desses problemas e da impossibilidade do Estado brasileiro de resolvê-los", disse.

8

GUERRA DE NARRATIVAS[8]

MUITO MAIS DO QUE APENAS UMA DISPUTA política e jurídica confinada ao Brasil, o processo que levou ao impeachment da presidente Dilma Rousseff, em 2016, foi uma guerra de narrativas que se espalhou além do país e cuja discussão sobre legitimidade foi levada a fóruns internacionais. Enquanto as instituições domésticas reiteravam no resto do mundo a legalidade da decisão de afastar uma presidente eleita democraticamente, apoiadores do governo levaram ao exterior as acusações de que havia um golpe de Estado em curso no país.

A polarização que tomou conta do Brasil pôde ser percebida também no exterior, com disputas acadêmicas e na mídia internacional. Assim como no Brasil, amigos e famílias fora do país brigaram, romperam e se tornaram separadas pela divisão ideológica entre a legitimidade do processo e a percepção de golpe.

A disputa foi longa, incluiu diversos atores, e no fim não teve vencedor claro.

Por um lado, o processo de impeachment foi aceito pelos governos do resto do mundo, e a mídia internacional, de forma geral, indicou respeito ao rito institucional que afastou a presidente. Ainda assim, as pessoas que acusavam de golpe continuaram mantendo o mesmo discurso. E, de fato, não faltaram críticas externas ao que era descrito como um jogo sujo dos políticos e funcionários públicos brasileiros.

Se houve uma imagem que se consolidou no resto do mundo foi a de instabilidade da política nacional. Dominou a percepção do Brasil como um país

---

8   Este capítulo foi escrito com base em reportagens publicadas pelo autor na *Folha de S.Paulo*, análise de estudos acadêmicos e em posts publicados no blog *Brasilianismo*.

que tem um sistema político disfuncional, impossível de ser analisado e aceito como algo viável em uma democracia estável e com capacidade de levar resultados aos cidadãos.

Esse diagnóstico da guerra de narrativas não deve ser interpretado como algo trivial. Narrativas importam, como importa a imagem que essas narrativas desenvolvem em relação ao país a que elas estão ligadas. A preocupação de Michel Temer, vice empossado após o impeachment, em enviar representantes a outros países para defender seu mandato como legítimo e a turnê pelo mundo da presidente deposta denunciando a quebra dos ritos democráticos mostram a importância da forma como o processo seria registrado na história mundial.

Importantes estudos acadêmicos demonstram esse valor das narrativas para a sociedade moderna. Em seu best-seller internacional *Sapiens: uma breve história da humanidade*, Yuval Harari descreve a importância da construção de histórias e narrativas, uma realidade imaginada como um todo, para a formação de construções sociais que se tornaram base das culturas formadas pela humanidade ao longo da história. De forma semelhante, o ganhador do Nobel de Economia Robert Shiller desenvolveu um estudo sobre como narrativas e ideias são capazes de influenciar a realidade de países no mundo. Em seu livro *Narrative Economics*, ele trata da importância de incorporar essas narrativas à teoria econômica a fim de entender o comportamento das sociedades.

A guerra de narrativas em torno do impeachment se expandiu muito além do ano de 2016, que foi dominado pelo debate sobre o processo contra a presidente. Por mais que os ritos políticos tenham sido aceitos pelo resto do mundo, anos depois ainda havia reportagens, análises e estudos acadêmicos usando o termo "golpe" para se referir ao processo. Documentários produzidos sobre a derrubada de Dilma ajudaram a reforçar esta ideia.

Por mais que dois anos depois o Brasil tenha tido uma nova eleição democrática, e tenha deixado para trás a discussão interna sobre o impeachment, muitos observadores fora do país ainda apontavam aquele momento como sendo responsável pela ascensão de grupos de direita que chegaram ao poder após a eleição de Jair Bolsonaro.

Este capítulo trata dessa disputa de narrativas para consolidar o entendimento internacional sobre o processo de impeachment, com opiniões divergentes em busca do entendimento de um processo atípico e problemático que vai marcar a história do país e sua imagem internacional.

IMPEACHMENT É GOLPE?

Um olhar externo mais institucional sobre o impeachment de Dilma indica que ele não pode ser classificado como um golpe de Estado. Apesar de o afastamento da presidente ter sido alvo de grandes críticas e de a decisão ter criado controvérsia e gerado protestos, o processo não foi considerado golpe pelos pesquisadores que desenvolveram um dos mais completos bancos de dados sobre governos retirados do poder ilegalmente no mundo todo. Apesar de a própria Dilma ter acusado o processo de impeachment de ser um golpe contra seu governo, estudiosos do assunto indicam que a ausência de ruptura da Constituição faz com que não haja ilegalidade em sua saída.

"Impeachment não é golpe", avaliou o cientista político Clayton Thyne, da Universidade do Kentucky (EUA). Em entrevista concedida ao autor ainda durante o afastamento da presidente, ele afirmou que a ideia de que havia um golpe em curso no Brasil era "completo nonsense".

Thyne, que é um dos autores do banco de dados que reúne informações sobre todos os golpes de Estado (e tentativas de golpe) no mundo desde 1950, afirmou que o impeachment de Dilma não seria contabilizado no levantamento. Ele desenvolveu o trabalho "Coups in the World" (golpes no mundo) com seu colega Jonathan Powell, da Universidade da Flórida Central. O levantamento foi realizado originalmente em 2011 no artigo acadêmico "Global Instances of Coups from 1950-Present" (instâncias globais de golpes de 1950 até o presente) e vem sendo atualizado desde então.

No total, foram avaliados mais de 1.200 supostos golpes de Estado em 94 países, desde 1950. A maior parte ocorreu na África (36%) e nas Américas

(32%), e apenas 2,6% na Europa. A maior parte dos golpes de Estado no mundo ocorreu entre os anos 1960 e 1970.

Entre casos recentes, o levantamento também não considerou golpe a derrubada do presidente Fernando Lugo, do Paraguai, em 2012 – estão indicados quatro golpes no país desde 1950; o último deles em 2000. Já a queda de Manuel Zelaya, de Honduras, em 2009, é, sim, contabilizada como ruptura ilegal do governo.

Apesar de não haver um consenso universal sobre a definição de golpe de Estado, a associação a um processo ilegal é uma das características mais mencionadas. Os cientistas políticos fizeram um levantamento das catorze explicações mais relevantes na bibliografia acadêmica existente e adotaram como conceito a "tentativa ilegal e evidente por militares ou outras elites do aparato do Estado para derrubar o Poder Executivo".

"Não vejo evidência suficiente de que qualquer coisa ilegal está acontecendo em como o processo está sendo realizado no Brasil", explicou Thyne, durante o processo de impeachment de Dilma. "Juristas podem dizer que as regras estão sendo forçadas em algum sentido, mas é preciso romper a Constituição para que algo seja considerado golpe. Tem que ser algo obviamente ilegal."

A avaliação de que não se tratava de um processo ilegal não significava apoio dos pesquisadores ao impeachment. "Não estou dizendo que o governo do Brasil deve ou não ter impeachment, só digo que, se isso for feito dentro das regras constitucionais, não é um golpe."

Ele ressaltou que o impeachment não é algo bom ou ruim, mas que é uma forma de retirar governos do poder. "Está na Constituição. É parte da democracia." Segundo o pesquisador, a acusação de golpe é frequente em casos de governos retirados do poder, mesmo que os procedimentos sejam legais.

O estudo histórico de casos de golpes indica que eles costumam ter consequências desastrosas para os países onde acontecem e podem gerar escalada de autoritarismo. Em casos raros, entretanto, Thyne diz ser possível que a derrubada de um governo abra janela para a democracia – é o caso do golpe em Honduras em 2009, segundo ele.

O banco de dados não contabilizou o impeachment de Dilma, mas avaliou vinte situações de supostos golpes e tentativas no Brasil desde 1950, e reconheceu seis deles como rupturas ilegais de fato – sem incluir os impeachments nem de Fernando Collor de Mello, em 1993, nem de Dilma.

Segundo a pesquisa, houve golpe em 1955 com o Movimento de 11 de Novembro, tratado como "contragolpe preventivo" para garantir a posse de Juscelino Kubitschek e João Goulart como presidente e vice, respectivamente. Além disso, houve tentativas de tomada de poder fracassadas em 1959 e 1963, dois golpes em 1964 (em 31 de março e em 1º de abril) e outro em 1969, quando uma Junta Militar assumiu após Costa e Silva ser afastado por problemas de saúde).

Se existe um debate sobre o caráter golpista ou não do impeachment de Dilma Rousseff, o mesmo não se aplica sobre o que levou os militares ao poder por duas décadas em 1964. Três anos depois do impeachment de Dilma Rousseff, em uma nova entrevista ao autor, os mesmos acadêmicos rejeitaram, em 2019, a tentativa de Jair Bolsonaro e seu ministro de Relações Exteriores da época, Ernesto Araújo, de negar a ocorrência do golpe em 1964 e incentivar a celebração do aniversário da tomada de poder pelos militares.

O que ocorreu no Brasil em 1964, eles explicaram, foi um golpe de Estado clássico, digno de livros didáticos sobre o que é um golpe. "Não existe ambiguidade." "Não há dúvida." "É inquestionável." Para os dois especialistas em estudar golpes de Estado pelo mundo, não há realmente nenhuma razão para negar que houve um golpe no Brasil em 1964. Qualquer tentativa de alegar o contrário, como fizeram Bolsonaro e seu chanceler, era "ridícula".

"Este foi um caso clássico de golpe. Os militares intervieram ilegalmente na política de maneira aberta e, em seguida, tomaram o controle", explicou Thyne. "No caso de 1964 no Brasil, não há espaço para qualquer ambiguidade. Não há realmente nenhuma razão para questionar se isso foi um golpe", avaliou Powell.

Powell voltou a destacar a definição usada por eles para golpe de Estado e a sua associação a um processo ilegal. "Nossa definição básica questiona: a ação foi ilegal (inconstitucional)? Foi realizada por membros do aparato estatal (geralmente membros das Forças Armadas)? A ação procurou remover o diretor executivo?", explicou Powell. Segundo ele, 1964 no Brasil se encaixa nisso "inquestionavelmente".

Apesar de terem trabalhado juntos no banco de dados e de terem avaliação semelhante sobre o golpe de 1964 no Brasil, Powell e Thyne têm opiniões diferentes sobre o impacto do debate sobre o impeachment de Dilma ter sido ou não um golpe de Estado, no questionamento sobre a ditadura militar no país durante o governo de Bolsonaro. "Eu definitivamente acho que o debate sobre os eventos de 2016 terem sido um golpe abriu espaço para questionar golpes passados", disse Thyne. Powell não vê assim. "Não acho que o impeachment tenha mudado nada. Sempre houve esforços para legitimar golpes após o fato, seja tentando enquadrá-los como legais ou como tendo sido 'bons'. A única coisa diferente neste caso é o tempo passado desde o evento em questão."

Para Thyne, um ponto importante é entender que a avaliação acadêmica de cientistas políticos diverge da forma como os próprios políticos interpretam os eventos. "Como pesquisadores, nos concentramos nos fatos e fazemos uma avaliação desapaixonada sobre um evento ter sido ou não um golpe. Os políticos têm uma estrutura de incentivos diferente – em vez de precisarem estar certos, precisam buscar apoio para manter suas posições de poder. Assim, eles frequentemente se apegam à incerteza para impulsionar suas agendas. A palavra "golpe" claramente tem uma conotação negativa, e nós vimos líderes usá-la e evitarem usá-la para atender às suas agendas políticas. É por isso que fatos e evidências são tão importantes."

DESILUSÃO POLÍTICA E TENSÃO SOCIAL

Se uma interpretação objetiva e institucional do processo impede que ele seja chamado de golpe de Estado, isso não significa que esteja tudo bem e que a imagem do impeachment de Dilma no resto do mundo tenha sido positiva. Pelo contrário, o afastamento da presidente expôs o que foi visto no mundo como um estado disfuncional da política brasileira, com tensão social e representação problemática. Mesmo sem ser golpe, o impeachment propagou uma reputação negativa do país.

A imprensa internacional, por exemplo, adotou um tom crítico sobre o impeachment e cético em relação ao sistema político do país. Os principais destaques falavam sobre a desilusão política vivida pelo país, que não tinha uma alternativa que gerasse confiança de retomada do seu potencial. Outro foco muito presente nas análises internacionais era a tensão política entre os que são contra e os que são a favor do impeachment.

O que já se percebia de forma clara durante o processo que derrubou a presidente petista foi comprovado por um estudo publicado pela revista acadêmica *Journalism Practice*, comparando a abordagem na imprensa nacional e a estrangeira sobre o processo. Segundo a pesquisa, a imprensa brasileira atuou para afirmar a legitimidade do processo de impeachment, enquanto os jornais internacionais foram mais céticos, chamando a atenção para aspectos ocultos que levaram à cassação da presidente.

"Nenhum dos jornais estrangeiros analisados considerou que a queda de Dilma foi motivada pelos atos de que ela foi acusada, que por sua vez não carregam peso suficiente para gerar uma punição tão grande", diz o trabalho.

No total, a pesquisa avaliou textos editoriais publicados por oito jornais brasileiros e estrangeiros. Foram analisadas as publicações de opinião de *O Estado de São Paulo, Folha de S.Paulo, O Globo, Público* (Portugal), *El País* (Espanha), *Le Monde* (França), *The Guardian* (Reino Unido) e *The New York Times* (Estados Unidos).

"É possível identificar tendências gerais de posicionamento dos jornais analisados, com diferenças marcantes entre o Brasil e países estrangeiros", diz. O *Le Monde* chamou de 'farsa', um 'jogo político de moralidade duvidosa e zero de inspiração democrática', e enfatizou que tal processo teria pouca chance de acontecer em uma 'democracia mais madura'. O *The Guardian* ressaltou a injustiça perpetrada, e o *New York Times* apelou ao respeito pelas instituições democráticas. O *El País* foi o único a usar, literalmente, o termo 'golpe', se referindo a um 'golpe baixo no Brasil'."

Segundo a pesquisa, a mídia estrangeira destacou, em sua análise, elementos desconsiderados pelos editoriais nacionais. "Um deles foi o nível moral dos juízes de Dilma, muitos dos quais foram acusados de corrupção, enquanto ela mesma nunca havia sido investigada, como apontado por *El País*, *The Guardian* e *The New York Times*", diz.

Publicado com o título "Framing of a Brazilian Crisis: Dilma Rousseff's Impeachment in National and International Editorials" (Enquadrando uma crise brasileira: O impeachment de Dilma Rousseff em editoriais nacionais e internacionais), o estudo foi realizado pelos pesquisadores Liziane Guazina, da Universidade de Brasília, Hélder Prior, da Universidade de Beira Interior (Portugal) e Bruno Araújo, da Universidade Federal do Mato Grosso.

Apesar de ter uma análise respeitável, a pesquisa acabou deixando de fora outros posicionamentos importantes na mídia internacional a respeito do impeachment de Dilma. Mesmo que não haja evidência para negar a tese do estudo, seria interessante apontar que muitos dos veículos internacionais que criticaram o impeachment publicaram antes textos defendendo a renúncia da ex-presidente.

Foi o caso de *Le Monde* e de *The Guardian*, que criticaram o processo, mas antes apoiaram a saída da presidente. O mesmo jornal francês que chamou o impeachment de "farsa" publicou um outro polêmico editorial negando que se pudesse chamar o impeachment de golpe de Estado.

O estudo também desconsiderou a revista *The Economist*, por exemplo, que não chegou a defender o impeachment e chamou o processo de "jeitinho" na Constituição, mas que cobrou a renúncia de Dilma e a chamou de "inapta". Outro importante jornal americano, *The Washington Post* chamou o impeachment de "necessário". Deixou de citar ainda *The Wall Street Journal*, que teve um tom parecido com o de jornais brasileiros, defendendo a legitimidade do impeachment.

Nada disso nega que o tom geral da mídia estrangeira, de fato, tenha sido mais crítico e mais cético em relação ao impeachment, e talvez até reforce a tese de que a imprensa internacional adotou uma postura com mais nuances, indicando problemas no processo como um todo, mesmo que isso não deva ser interpretado como uma defesa da ex-presidente.

De todo modo, um levantamento realizado pela *Folha de S.Paulo* após o afastamento de Dilma avaliou o posicionamento editorial dos principais veículos da imprensa internacional e mostrou que não houve uma defesa formal do impeachment, mas também não se aceitou abertamente a retórica de que destituir Dilma seria golpe. No fundo, a mídia estrangeira fez um balanço muito crítico do processo de impedimento e de todo o sistema político do país.

Ao selecionar os veículos de imprensa "de referência" internacional, a *Folha* deixou de lado jornais e revistas mais partidários dos movimentos de esquerda, que denunciaram fortemente o processo para destituir a presidente. A rede venezuelana *Telesur*, por exemplo, atacou veementemente o "golpe" contra Dilma. O mesmo podia ser lido, por exemplo, em veículos como *Sputnik*, *La Izquierda Diario*, *Cubanet* e *Counterpunch*. Ainda assim, muitas das publicações de maior peso internacional admitiam que o impeachment estava sendo uma forma de retirar do poder uma presidente pouco popular, mas contra quem não havia acusações de corrupção – apenas as chamadas pedaladas fiscais.

O segundo impeachment de um presidente democraticamente eleito em pouco mais de vinte anos transformava a cena política brasileira e se tornava uma distinção quase tão forte quanto os cinco títulos mundiais conquistados pela seleção de futebol do país, segundo a revista *The Economist*. O Brasil é o país do impeachment, ironizava ao avaliar os possíveis impactos da decisão na democracia brasileira. "Até mesmo alguns que não simpatizam com Dilma acham que seu impeachment afeta a democracia. Eles se preocupam que o Brasil tenha desvalorizado o impeachment, transformando-o em uma forma de retirar um líder impopular", dizia.

A revista negava, entretanto, que o impeachment pudesse ser considerado um golpe de Estado, mas "seus defensores estão certos ao alegar que as acusações são uma questão relativamente menor, técnica", critica.

Para o jornal *The Washington Post*, o impeachment podia ser comparado a um "golpe brando", já que pôde mudar o governo sem envolver a violência, como aconteceu no passado. O jornal disse que o processo para tirar Dilma foi uma manobra política da direita para tomar o poder. Depois de confirmada a saída da presidente, entretanto, um outro editorial apontava o processo como necessário. Mesmo sem ser uma demonstração de civismo de um Senado marcado por acusações, dizia, era "provavelmente a melhor saída para um país preso entre escândalos políticos e a pior recessão em um século". A decisão "foi legal, foi politicamente legítima, e abre o caminho para reformas de que o Brasil precisa desesperadamente", complementava.

Tradicionalmente crítico ao governo Dilma, o *Financial Times* alegou que o impeachment era o equivalente a um voto de desconfiança. A medida, comum em regimes parlamentaristas, é usada quando os parlamentares desaprovam a política do primeiro ministro e propõem a destituição deste. O processo é "essencialmente um julgamento político", avaliou.

Uma avaliação publicada na revista *The New Yorker* ecoava a ideia de voto de censura, mas destacava o fato de que o Brasil não tem essa ferramenta em sua Constituição. "Em português, a palavra 'golpe' se referre a 'golpe de Estado' – mas também pode significar 'trapaça'" [o texto usava o termo "con" em inglês, equivalente a algo como vigarice, trapaça, ardil].

O jornal francês *Le Monde* assumiu uma opinião indecisa em relação ao impeachment. Apesar de ser crítico ao processo desde o começo, um editorial publicado antes da votação dizia: "Ceci n'est pas un coup d'Etat" (isso não é um golpe de Estado). Menos de um mês depois, e sob pressão de brasileiros e franceses críticos ao afastamento de Dilma, o mesmo jornal reagiu, através de um texto que questionava a imparcialidade do próprio editorial e fazia um mea culpa ao admitir que o tom deveria ter sido mais equilibrado. Em um novo editorial publicado após a formalização do impeachment, o jornal dizia que "se isso não é um golpe de Estado, é no mínimo uma farsa".

Um contraponto aos argumentos contrários ao impeachment ganhou destaque em editorial do jornal de economia *The Wall Street Journal*, que destacava que o processo respeitou a democracia brasileira. "O impeachment de líderes democraticamente eleitos é inerentemente político, mas o processo foi rigoroso e transparente", defendeu.

Em sua cobertura, *The New York Times* argumentou que o processo de impeachment expunha a hipocrisia das lideranças políticas brasileiras. Em várias reportagens, o jornal falou sobre a desilusão dos eleitores da classe trabalhadora que apoiaram a eleição de Dilma e sobre como a polarização do impeachment afetou as relações no cotidiano brasileiro. "A política brasileira é um esporte sangrento nos melhores momentos, mas a batalha sobre o impeachment de Dilma está inflamando paixões como nunca antes", dizia.

Essa divisão política gerada pelo impeachment criou um desafio para analistas e jornalistas estrangeiros que avaliavam o momento da história política do Brasil. Segundo Simon Romero, ex-correspondente do jornal *The New York Times* e que deixou o Brasil em 2017, coberturas políticas em momentos complexos como o impeachment precisam fugir do maniqueísmo. "Esses dramas políticos raramente são simples como preto e branco, pois há muitos interesses diferentes envolvidos na luta pelo poder. É na área cinzenta que podemos encontrar algumas das melhores histórias", disse, em entrevista ao autor

Segundo Romero, cobrir o impeachment de Dilma foi um desafio, "mas tentei descrever o que estava acontecendo tão completamente quanto possível". Ele explicou que cabia ao conselho editorial do jornal uma operação separada da Redação, tomar uma posição sobre o assunto.

Romero explicou que era extremamente desafiador escrever sobre o Brasil como estrangeiro porque as questões que podem parecer simples são muitas vezes muito complexas, quase como um labirinto quando se passa da superfície. "Durante a batalha do impeachment, tentei explicar a complexidade do que estava acontecendo. Escrevi reportagens que criticavam o governo de Dilma antes de ela sair e escrevi reportagens que criticavam o governo de Temer quando ele se tornou presidente", disse.

POLÍTICA DISFUNCIONAL E INSTÁVEL

Mais do que a discussão sobre a legalidade ou legitimidade do impeachment e mesmo do debate em torno do conceito de golpe de Estado, o que o processo que derrubou Dilma Rousseff fez foi consolidar uma imagem negativa da política brasileira. Se o sistema de governo do país já era visto como problemático há tempos, o impeachment deixou claro ao mundo a reputação de disfuncionalidade.

A reação imediata de analistas de instituições estrangeiras, ainda que não unânime em relação ao processo, era que a decisão colocava um forte estresse na democracia brasileira e podia gerar paralisia política. No longo prazo, entretanto, as instituições podiam se mostrar ainda mais fortes.

Com ou sem Dilma, o Brasil continuaria com dificuldades para voltar à estabilidade econômica, previu Harold Trinkunas, chefe de América Latina no centro de estudos Brookings, em Washington. "A questão básica é se qualquer sucessor da presidente Dilma terá capital político para implementar as reformas necessárias para conduzir o Brasil a um crescimento sustentável", disse. "Isso parece improvável."

Para João Augusto de Castro Neves, diretor de América Latina da consultoria de risco político Eurasia, o Brasil deveria se preparar para uma longa ressaca. "A única coisa que podemos dizer com certeza é que, independentemente do resultado, será um longo 'day after'. O sistema político continuará sendo pressionado pela crise."

O cientista político Anthony Pereira, do King's College London, se disse preocupado com o precedente aberto pela votação do impeachment. "Sem um argumento constitucional forte, a presidência, que já não é muito forte, fica ainda mais enfraquecida", argumentou.

O codiretor do Centro de Pesquisa Econômica e Política, em Washington, Mark Weisbrot, questionou esse desvio do presidencialismo. Para ele, o impeachment é um problema sério para a democracia e uma violação da Constituição. "O Brasil não tem um sistema parlamentarista. Não se pode mudar o presidente por ele ter baixa popularidade ou não ter força no Congresso", disse.

Um dos mais críticos analistas do impeachment, o historiador norte-americano Greg Grandin, professor da New York University, avaliava que era preciso prestar atenção à presença de grupos econômicos que usam trabalho escravo entre os que estão pressionando pela destituição da governante. "A retirada de Dilma pode ser chamada de muitas coisas, entre elas um golpe midiático e um golpe constitucional. Pelo menos em parte, é também um golpe escravagista", dizia Grandin.

O impeachment era um passo para trás da democracia brasileira, segundo o professor do Carleton College Alfred P. Montero, autor do livro *Brazilian Politics* (Política brasileira). "Mas dar passos para trás para ajustar o caminho a ser seguido no longo prazo é algo comum em democracias", explicou.

A avaliação dos brasilianistas não poupou os congressistas brasileiros envolvidos em escândalos de corrupção que participaram do processo de impedimento da presidente. Eles avaliam, entretanto, que era preciso separar os atores políticos das instituições.

"Mesmo sabendo que não há anjos nas instituições, o fato é que elas funcionam razoavelmente bem em resolver os conflitos da sociedade. O processo tem legitimidade, mesmo que muitos dos atores, não. Mesmo o presidente da Câmara, Eduardo Cunha, com todos os seus problemas, seguiu as regras institucionais. Os políticos podem ser execrados, mas o processo foi correto", explicou Matthew M. Taylor, professor da American University, em Washington, DC.

Para o historiador norte-americano Marshall Eakin, era preciso considerar ainda que o impeachment marcou uma ruptura muito mais grave para o país. "Acredito que uma ameaça mais profunda gerada por esta crise vai ser o senso de si mesmo dos brasileiros, a própria identidade dos brasileiros."

Este tipo de análise ganhou eco também na imprensa internacional. Isso ficou evidente desde maio de 2016, quando a presidente Dilma foi afastada do cargo e grande parte da imprensa de outros países dedicou editoriais à situação política do Brasil. Para a mídia internacional, a questão não era mais nem a legalidade do impeachment ou a mudança dos governos, mas o fato de que o processo representava o fracasso do modelo político do país.

Em vez de fortalecer a democracia, o impeachment podia aumentar a alienação dos eleitores já desiludidos com o sistema político brasileiro, dizia uma análise publicada no jornal norte-americano *The Washington Post*. "Analistas dizem que o caso de Dilma expôs algumas das fraquezas do sistema político brasileiro, no qual um presidente tem que fazer acordos com vários partidos políticos, muitos sem ideologia clara. O sistema encoraja a troca de cargos e a corrupção", explicava o texto no *Post*.

Em um resumo da crise política brasileira e do impeachment, a agência de notícias *Associated Press* finalizava alegando que a "política envenenada" escurecia o futuro do país. Um artigo de opinião publicado no *The New York Times* também reforçava este posicionamento crítico à imagem da política nacional. "Uma economia que afunda e a irritação contra a corrupção geraram protestos sucessivos e intensos que levaram a uma mudança no governo, mas não na política brasileira", resumia.

É este tipo de imagem de política disfuncional, já consolidada aos olhos internacionais e reforçada com o processo de impeachment, que faz com que o Brasil não consiga passar uma imagem de força política no exterior. É isso que faz com que o perfil da imagem do Brasil seja a de um país mais voltado ao turismo, à cultura, e ao encontro de povos, como se percebe nos estudos de reputação. Nessas pesquisas sobre a imagem que o Brasil tem nos outros países, é comum que as características leves da sua personalidade sejam bem avaliadas, e que os estrangeiros achem os brasileiros legais e simpáticos. Ao mesmo tempo, características mais sérias, como a política e a economia, não costumam ser bem avaliadas. E o impeachment fortaleceu isso. Ao reforçar a ideia de que o Brasil é um país com política disfuncional, o impeachment consolidou ainda mais a ideia de que somos apenas "decorativos" no mundo.

9

A CONSTRUÇÃO
DE UM
PÁRIA[9]

SE O DECLÍNIO DA REPUTAÇÃO DO BRASIL COMEÇOU a ser registrado em torno de 2013, e a queda se consolidou com a eleição de Bolsonaro em 2018, os anos de 2019 a 2021 mostraram que as coisas poderiam ser ainda piores. A imagem internacional do Brasil sofreu um grande baque a partir deste momento. A percepção externa sobre o país, as notícias a seu respeito na imprensa estrangeira, as discussões no exterior olhando para o que acontecia por aqui passaram por grandes mudanças, quase sempre com teor negativo.

Em duas décadas estudando a percepção externa sobre o Brasil, depois de ver o *boom* da marca nacional na virada da primeira década do século XXI e de ver a constante involução da imagem positiva, nada impressiona tanto quanto a reputação negativa construída em praticamente todas as áreas a partir de 2019.

O levantamento de pesquisas realizadas sobre a imagem do Brasil fez com que 2017 fosse registrado como o ano do rebaixamento do país nos rankings de reputação internacional. Mas antes mesmo que houvesse algum dado estatístico para comprovar algo assim, qualquer observador atento à imagem do país pôde ver claramente que 2019, o primeiro ano de governo de Jair Bolsonaro, foi marcado por uma piora significativa da imagem do Brasil no mundo, com fortes críticas ao novo presidente na imprensa internacional, na academia estrangeira e nos meios diplomáticos.

A imagem da política brasileira e do acirramento da polarização não é necessariamente a imagem do país como um todo. Muitos observadores conseguem

---

9 Este capítulo foi escrito com base em artigos publicados na revista *Problemas Brasileiros* e no jornal *O Globo*, comentários no quadro "A Cara do Brasil", da *Rádio CBN*, pesquisas acadêmicas e em posts publicados no blog *Brasilianismo*.

separar o que é um governo que rompe com as tradições políticas nacionais do que é o país como um todo. Mesmo assim, é natural acreditar que essa piora de imagem transborda o olhar político e atinge todo o Brasil, inclusive porque muitas análises sobre o conservadorismo crescente do país deram margem para uma interpretação do povo brasileiro como sendo menos afeito à democracia e mais facilmente levado a aceitar o autoritarismo.

Por mais que, desde o começo, tenha havido uma percepção até mais positiva relacionada aos novos rumos da economia do país (com promessa de reformas e de maior abertura), o que dominou a atenção internacional foram tragédias ambientais (como a destruição da Amazônia, em primeiro lugar), riscos à democracia e polêmicas internacionais vistas como "guerra cultural". A partir de 2020, a isso se somaria à crise sanitária global, na qual o Brasil se tornou um dos lugares de maior propagação do novo coronavírus, um dos lugares que mais registrou mortes por conta da Covid-19, e ainda teve o governo que se mostrou totalmente negacionista em relação à pandemia.

Este capítulo aborda várias facetas dessa reputação em desconstrução. Do pessimismo à preocupação internacional, passando até mesmo por discussões inéditas sobre intervenção e por um processo que transformaria o país em um pária em suas relações com o resto do mundo.

ASCENSÃO AUTORITÁRIA

A imagem negativa do governo de Bolsonaro começou a ser construída antes mesmo da posse do presidente em 1º de janeiro de 2019. Quase como um microcosmo do que aconteceria ao longo de todo o ano, a expectativa internacional em relação ao que acontecia no Brasil na virada de 2018 para 2019 misturava grande preocupação com a segurança da democracia brasileira a certo otimismo em relação a uma possível recuperação da economia do país.

Às vésperas da eleição e após a vitória de Bolsonaro, a opinião internacional se consolidou fortemente contra o presidente eleito. A liderança de Bolsonaro nas pesquisas de intenção de voto criou um grande movimento crítico na imprensa internacional – e, também, entre acadêmicos, brasilianistas, intelectuais, políticos e artistas.

Em artigo publicado em dezembro de 2018 na revista *Dissent*, o historiador americano Bryan McCann, por exemplo, dizia que Bolsonaro era um risco para a democracia brasileira e que sua vitória ameaçava todos os ganhos conquistados pelo país desde o fim da ditadura.

Em quase todas as mais relevantes publicações do mundo, o posicionamento era contra Bolsonaro. *The New York Times*, como dito no capítulo sete, por exemplo, chamou a eleição de Bolsonaro de "escolha triste" do Brasil. Segundo análise publicada na agência *Reuters*, Bolsonaro podia ser uma tragédia para o país. *The Economist* usou o termo "desastroso" para se referir ao presidente eleito. Outras publicações, como o jornal britânico *The Guardian*, o francês *Le Monde* e o espanhol *El País* também criticaram duramente a escolha dos eleitores brasileiros e se mostraram preocupados com a democracia do país.

Logo depois de uma eleição dominada por notícias negativas na mídia internacional, entretanto, veículos de imprensa estrangeiros mais conservadores e voltados a investidores começam a tentar dar um tom mais otimista à imagem do Brasil de Bolsonaro. Um exemplo claro disso foi o crescimento do número de notícias sobre o país nos veículos conservadores *Breitbart* e *The Federalist*, que defendiam uma maior aproximação entre a política externa dos Estados Unidos e do Brasil. O otimismo de investidores com possíveis reformas na economia brasileira alavancou notícias mais positivas sobre o país no resto do mundo.

Até mesmo veículos tradicionais chegaram a dar espaço para uma visão mais positiva, por conta da economia. Isso era visto na agência de economia *Bloomberg* e em *The Wall Street Journal*. Este último publicou um artigo alegando que Bolsonaro foi o maior vencedor de 2018 em todo o mundo e, ao longo do ano, o veículo seria uma das poucas vozes a manter apoio ao governo brasileiro.

Era uma parcela bem limitada, mas que tinha opinião divergente da maioria da mídia do mundo. No geral, o tom dominante era de preocupação e de crítica.

A posse de Bolsonaro como presidente, em 1º de janeiro, foi retratada no exterior como a guinada brasileira à política de extrema-direita. Enquanto no Brasil ele era tratado como um candidato a presidente conservador e de direita, fora do país o tom de crítica foi mais forte desde o começo. Junto com a indicação de que a extrema-direita havia chegado ao poder, a percepção externa dava grande atenção à percepção que a democracia do país estava tensionada, e que o novo governo tinha tendências claramente autoritárias.

Para analistas estrangeiros atentos ao que acontecia no Brasil na virada do ano, Bolsonaro começou a transformar o país antes mesmo de tomar posse como presidente. Publicações como *The New York Times*, *The Guardian* e *The Washington Post* analisavam as propostas do novo governo e indicavam o alinhamento maior do Brasil a um movimento mais conservador registrado em vários países do mundo.

Bolsonaro chegou a ser incluído em um livro francês que reunia perfis dos "novos líderes autoritários do mundo", sendo descrito como um governante populista em uma democracia em regressão. Segundo a obra, a eleição dele em 2018 representava um risco real de desintegração da democracia do país rumo ao autoritarismo – o que acabou se concretizando na percepção sobre o Brasil nos anos seguintes.

O livro falava do "mundo dos novos autoritários" e era resultado de um projeto desenvolvido pelo *think tank* francês Institut Montaigne. O perfil de Bolsonaro foi escrito pelo professor Frédéric Louault, especialista em política brasileira da Universidade Livre de Bruxelas. Para ele, "o risco de a democracia se desintegrar e o governo se desviar para uma forma de autoritarismo não deve ser minimizado, bem como o desprezo de Bolsonaro por instituições democráticas, direitos humanos e liberdades fundamentais".

Um outro estudo internacional publicado no fim de 2019 confirmava que havia uma percepção de autoritarismo crescente no país. O aumento da insegurança de pesquisadores no Brasil desde a eleição de 2018 era o tema de um capítulo especial do relatório Free to Think, publicado pela ONG internacional Scholars at Risk, que monitora regularmente a segurança de acadêmicos no mundo. O Brasil era destacado junto a outros países onde a ONG registra perseguição contra acadêmicos, como a China, a Turquia, o Sudão e a Índia.

"No Brasil, pressões sobre comunidades universitárias dispararam nas eleições presidenciais do país em outubro de 2018. Invasões policiais em campi, relatos de estudantes e estudiosos de minorias sendo ameaçados e atacados dentro e fora das universidades, bem como medidas orçamentárias e legislativas motivadas politicamente para minar as instituições de ensino superior e limitar a liberdade acadêmica e a autonomia institucional espelham os desenvolvimentos encontrados em outras nações onde o conceito de 'democracia iliberal' ganhou força entre políticos", dizia o relatório, com referência ao crescimento do autoritarismo em democracias.

FAMA DE DITADOR

Toda a repercussão negativa sobre a chegada de Bolsonaro ao poder, o aumento do autoritarismo e a pressão sobre a democracia brasileira deixaram o presidente preocupado com sua péssima reputação no exterior. Incomodado com as descrições publicadas na imprensa e em análises no resto do mundo, Bolsonaro anunciou em março do primeiro ano do seu governo a decisão de trocar pelo menos quinze embaixadores brasileiros em países estratégicos para tentar melhorar sua imagem.

Segundo a agência *Reuters*, Bolsonaro estava incomodado por estar sendo apresentado na imprensa internacional como "racista, homofóbico e ditador". Ele reclamava que os diplomatas não estavam "vendendo uma boa imagem do Brasil".

O anúncio do presidente pareceu ter efeito contrário ao esperado, entretanto, e especialistas indicaram que a medida podia ser interpretada como mais uma atitude de um governante autoritário.

"As ações de Bolsonaro parecem apenas confirmar a percepção internacional. A reputação é construída pelo que você faz, e não pelo que você (ou seus embaixadores) diz. Portanto, acho que essa ação pode alcançar o efeito oposto ao pretendido", explicou o pesquisador Robert Govers, em entrevista ao autor.

Govers é um dos principais pesquisadores do mundo em estudos sobre "place branding", pesquisas e análises que tratam da imagem de lugares como se fossem marcas – e sobre como promovê-las no resto do mundo. Segundo ele, as notícias sobre o governo e a associação entre Bolsonaro e Trump faziam com que não fosse estranho que o presidente brasileiro estivesse sendo visto internacionalmente dessa maneira. "Não deveria ser surpreendente, se considerarmos algumas das coisas que ele disse e fez", explicou.

Na conversa com Govers, ele admitiu que a ideia de quem trabalha com análise de imagens internacionais em casos assim lembra o tradicional "teste do pato", feito em inglês para trabalhar avaliação lógica: "Se parece um pato, nada como um pato, e faz barulho de pato, então provavelmente é um pato".

Questionado sobre os possíveis efeitos da decisão de Bolsonaro de trocar embaixadores para melhorar sua imagem, ele argumentou que é preciso separar o que o mundo pensa do governante do que pensa sobre o país, e disse que é típico de um presidente autoritário acreditar que a imagem do país é dominada por sua própria reputação. "Felizmente ela não é. A maioria das audiências estrangeiras é perfeitamente capaz de distinguir entre 'o país' e sua política. O que não significa que os dois não possam influenciar um ao outro. Mas, se e quando o fizerem, no caso de países com associações de imagem historicamente fortes como o Brasil, geralmente é temporário", explicou.

De fato, Bolsonaro não conseguiu, ao longo do seu governo, se livrar da imagem negativa que foi construída na mídia internacional desde antes mesmo das eleições de 2018. Seu nome foi constantemente associado à ideia de autoritarismo até pelo menos o início de 2022, quando este livro foi concluído.

Em uma das críticas mais fortes e irônicas ao longo do ano, o jornal francês *Le Monde* disse que, mesmo que não fosse uma ditadura, o Brasil corria o risco de virar uma "idiocracia". O texto avaliava o nível intelectual do governo de Bolsonaro e comparava a situação do Brasil ao filme *Idiocracy*, comédia de ficção científica de Mike Judge que descreve uma sociedade movida pelo anti-intelectualismo, pelo mercado e pela degradação ambiental.

O jornal alegava que a situação do país evocava preocupações "ligadas ao nível intelectual de Bolsonaro" e com "o caos que o presidente mantém, alimentando-se de controvérsias triviais e vulgares nas redes sociais, atacando a cultura, as ciências sociais e humanas, cortando orçamentos universitários e mantendo uma obsessão marcante com assuntos fálicos em detrimento do avanço de reformas cruciais".

A má fama do presidente brasileiro no mundo ficou explícita em abril de 2019, quando o Museu de História Natural de Nova York anunciou que não sediaria um evento da Câmara de Comércio Brasil-EUA em homenagem a Bolsonaro. O caso teve grande repercussão internacional, acabou envolvendo o prefeito de Nova York e foi visto como uma "humilhação" internacional. Escolhido como "pessoa do ano" pela câmara, que é formada por empresários brasileiros e americanos, o presidente brasileiro era descrito como figura controversa, e a indicação dele foi marcada por fortes críticas. Por mais que, em princípio ele ainda fosse receber a homenagem, a reputação negativa era evidente – e pesava contra o Brasil.

O movimento contrário à homenagem a Bolsonaro começou mais sob pressão de ambientalistas e cientistas preocupados com a posição do presidente brasileiro em relação à Amazônia. Funcionários do próprio museu protestaram contra a homenagem e disseram que uma instituição dedicada a preservar a natureza não deveria aceitar sediar o evento. O prefeito de Nova York à época, o democrata Bill de Blasio, pediu ao museu que não recebesse Bolsonaro e criticou seu discurso sobre a Amazônia e o que considerava serem posições homofóbicas e racistas do presidente. A homenagem "vai além de uma mera ironia e chega a ser uma contradição chocante. Esse cara é um ser humano muito perigoso", disse o prefeito.

A controvérsia cresceu em seguida por conta de declarações posteriores do próprio Bolsonaro, que disse não querer que o Brasil se tornasse um destino de turismo gay. A posição foi vista como um ataque à comunidade LGBTQIA+, que ampliou o movimento contra a homenagem ao presidente.

Após as observações do brasileiro serem interpretadas como "racistas, homofóbicas e misóginas", os organizadores do evento viram vários locais em

Nova York se recusarem a receber o jantar de gala, incluindo o Museu Americano de História Natural. Grandes patrocinadores, como a Delta Air Lines, o *Financial Times* e a Bain & Co, também retiraram seu apoio ao evento.

Isso levou à decisão de Bolsonaro de não viajar a Nova York, o que foi visto como um "constrangimento" por analistas, que disseram ser um sinal da reprovação internacional que as "visões extremistas" e "posições antiambientais" estavam despontando no mundo.

No fim, a Câmara de Comércio mudou o local do evento para o Texas, estado americano mais conservador politicamente, portanto menos crítico a Bolsonaro. O presidente foi homenageado em maio daquele ano.

PUBLICIDADE NÃO MUDARÁ IMAGEM DO BRASIL

A piora gradativa na imagem internacional do Brasil pareceu acender um alerta no governo de Bolsonaro em seus dois primeiros anos de governo. Enquanto o país ganhava manchetes pelo mundo por seus problemas políticos e econômicos, pela destruição de amplas áreas da Amazônia e do Pantanal, e era visto como epicentro da pandemia de Covid-19, a Presidência resolveu contra-atacar com propaganda.

Depois da revelação de que Bolsonaro havia solicitado a troca de embaixadores em vários países porque os diplomatas não estavam "vendendo uma boa imagem do Brasil", no início de 2021, um levantamento realizado pelo UOL mostrou que, em dois anos, o governo gastou dezessete vezes mais com publicidade no exterior do que todos os governos antecedentes da última década – um total de mais de R$ 39 milhões. Segundo a Secretaria Especial de Comunicação Social (Secom), a medida tinha como objetivo "contrapor percepções equivocadas e descontextualizadas que, por vezes, surgem no cenário internacional".

Como discutido neste livro, o Brasil de fato viu sua imagem internacional derreter desde 2013, com sucessivas crises, e piorou ainda mais desde que Bolsonaro chegou ao poder. Entretanto, reclamar da forma como o país é retratado no exterior e investir em publicidade não vai resolver o problema de reputação do país. Isso porque a "marca" de um lugar, sua reputação externa, é uma questão muito mais ligada à sua identidade do que simplesmente à imagem, e só pode ser alterada pelo que o país é e faz, sem sofrer nenhum efeito pelo que ele diz em propagandas. O Brasil precisa melhorar sua imagem internacional pela ação, não pelo discurso.

Abordagem crítica semelhante foi usada pelo publicitário Washington Olivetto em artigo de junho de 2020. Segundo ele, não adianta o Brasil fazer publicidade para melhorar sua imagem se o "produto" (o próprio Brasil) não é bom e está passando por problemas reais. Seria preciso melhorar o país como um todo para que sua reputação fosse melhor.

Essa ideia está bem evidente em estudos acadêmicos sobre a percepção internacional a respeito de diferentes nações, chamados de "nation branding". Por mais que seja evidente que os países de fato têm imagens que podem ser comparadas a marcas comerciais, não é possível fazer marketing como se uma nação fosse uma marca qualquer. Pesquisadores indicam que não existe nenhuma evidência, nenhum estudo de caso sério, que mostre que planos de comunicação e marketing, slogans e logomarcas já tenham alcançado ou possam um dia alcançar algum sucesso em mudar a imagem internacional de qualquer nação.

A forma mais eficiente de alterar a imagem de um país é pelo que já foi chamado de "diplomacia de ações". Em vez de gastar milhões de reais em publicidade, seria melhor investir para evitar o desmatamento e as queimadas na Amazônia e no Pantanal. No lugar de campanhas de marketing, teria sido mais eficiente o Brasil ter sido mais alinhado à ciência no combate à pandemia. Em vez de fazer propaganda, o governo brasileiro poderia atuar de forma mais responsável, democrática e equilibrada na política doméstica e nas relações internacionais, se colocando como um exemplo de sucesso a ser seguido. Isso, além de uma estabilização real dos problemas sociais e políticos do país, poderia tornar a "marca" brasileira mais valiosa.

Pode parecer difícil, mas foi o que o Brasil fez entre os anos 1990 e 2000, quando a inflação foi controlada, a economia se estabilizou, houve redução das desigualdades, a democracia avançou e, aos poucos, o país foi colhendo louros. Uma atuação equilibrada da política nacional levou ao crescimento e ao reconhecimento internacional, tradicionalmente representado pela conquista do direito de sediar a Copa e as Olimpíadas, bem como a famosa capa da revista *The Economist* em 2009 que mostrava o Cristo Redentor decolando como um foguete.

São ações e conquistas reais que podem melhorar a imagem do país de forma mais efetiva do que qualquer gasto com publicidade no exterior.

OTIMISMO AMORAL

Se houve algum contraponto a toda a imagem negativa criada pelo governo de Bolsonaro no resto do mundo, ele estava ligado a uma expectativa dos mercados internacionais por uma maior abertura do Brasil e por reformas para melhorar o funcionamento da economia.

A principal proposta do início do governo de Bolsonaro nessa área ganhou destaque internacional a partir de fevereiro de 2019: a reforma da Previdência, vista com muito otimismo pela imprensa de economia e pelo mercado. O avanço da proposta de reforma apresentada pelo presidente em fevereiro daquele ano iria definir o futuro do Brasil e do novo governo, segundo análises na imprensa internacional. Reportagens em veículos como *The Wall Street Journal* e a agência *Bloomberg* indicavam que o país estava acertando seu caminho na economia.

A reforma da Previdência era considerada um "teste-chave" para Bolsonaro, segundo reportagem de *The Wall Street Journal*. Ela era essencial para conquistar a credibilidade de investidores e recuperar a economia do país, e o sucesso do novo governo dependia disso, segundo uma reportagem da revista *The Economist*. "O futuro da economia do Brasil depende das aposentadorias", dizia o título de um texto da agência *Bloomberg*. Em julho de 2019, a aprovação em primeiro turno do texto principal da reforma na Câmara foi recebida com entusiasmo pela imprensa internacional.

Segundo as análises publicadas no exterior, a reforma aumentava o otimismo em relação ao Brasil. Segundo o jornal *Financial Times*, a reforma era vista como essencial para restaurar a confiança na economia brasileira. "Para Wall Street, o Brasil está de volta, baby", dizia o título de uma reportagem publicada pelo site da revista *Forbes*. *The Wall Street Journal* publicou um artigo de opinião defendendo o presidente brasileiro e apoiando o que chamava de "revolução do mercado" no Brasil. Segundo o *WSJ*, a inflação sob controle, os juros baixos, o alívio na avaliação de risco no crédito do país, a alta da Bolsa e especialmente um novo projeto para o BNDES pintavam um cenário positivo para o crescimento futuro do Brasil.

Um texto publicado mais tarde, em dezembro do mesmo ano, pelo mesmo *WSJ* reforçou a posição editorial. Segundo a publicação, os investidores internacionais ignoravam as polêmicas e controvérsias em torno do atual governo e abraçam a agenda econômica apostando numa retomada. De acordo com o *WSJ*, o otimismo do mercado era grande. "A retomada da atividade está sendo impulsionada em parte pela batalha de Bolsonaro para remodelar a maior economia da América Latina e atrair investidores de volta", dizia. "Os mercados adoram as mudanças que ele está tentando fazer", dizia uma fonte citada pelo jornal.

Era evidente que, enquanto o governo era acusado por críticos em várias partes do mundo de destruir o meio ambiente, pôr em risco os direitos humanos e ofender mulheres e a população LGBTQIA+, Bolsonaro ainda era visto pelo mercado internacional como uma pessoa capaz de gerar negócios e atrair investimentos.

Uma explicação para a dissonância no discurso do jornal de economia podia ser encontrada em um artigo publicado por *The New York Times*. O centro financeiro dos Estados Unidos, em Wall Street, não se preocupa com a democracia e simpatiza com líderes autoritários sempre que eles defendem posturas de mercado que interessa aos investidores, dizia. "Os mercados são amorais e não se queixam de comportamento autocrático se produzir crescimento econômico", explicava.

A avaliação se encaixa no que se lia sobre o Brasil em *The Wall Street Journal*, que ignorava a relevância de muitas das críticas à postura de Bolsonaro e focava apenas no que via como efeitos positivos para o mercado em suas propostas econômicas. Essa postura era diferente até mesmo de outras grandes publicações voltadas à economia como o *Financial Times* e a revista *The Economist* – veículos ligados a um projeto de democracia liberal, defensores do mercado, mas que também demonstram interesse por instituições políticas democráticas.

Um mês após a aprovação da reforma da Previdência deixar empolgados os analistas de mercado internacionais, entretanto, o otimismo perdeu força. Após a percepção inicial de uma mobilização política para levar adiante mais propostas semelhantes para deixar a economia brasileira atraente para investidores estrangeiros, o ânimo começou a desaparecer, segundo uma reportagem publicada pelo *Financial Times*. "Bolsonaro suspende reformas com medo de agitação popular", dizia o título da reportagem, em tom de decepção. Segundo a publicação, manifestações de oposição a governos da América Latina, como registradas na época no Chile, na Bolívia e na Colômbia, fizeram o governo brasileiro desacelerar projetos de novas reformas. O ritmo acabaria desacelerando ainda mais a partir de 2020, com a pandemia de Covid-19, e tiraria a economia do foco da atenção dada ao Brasil no resto do mundo.

IMAGEM EM CHAMAS

Apesar da atenção dada à questão do autoritarismo, à defesa da democracia, aos direitos humanos e de respeito a minorias, foi a preocupação internacional com questões ambientais que dominou a imagem dos primeiros anos do governo de Bolsonaro sob a ótica externa.

Não demorou para este tema se tornar central no tratamento da imprensa estrangeira sobre o presidente do país. Desde que Bolsonaro assumiu o poder, foi dado destaque para medidas que poderiam afetar o clima do mundo, no que chegou a ser chamado de ameaça de "catástrofe ambiental". A primeira semana de Bolsonaro na presidência já foi marcada por um aumento nas discussões no exterior sobre os riscos do novo governo do Brasil para a Amazônia e para as populações indígenas que vivem nas florestas do país

– temas que dominariam a atenção internacional até o seu último ano de mandato.

Segundo *The Guardian*, horas depois de tomar posse, o novo presidente do Brasil lançou um ataque às proteções ambientais e da Amazônia com uma medida transferindo a regulamentação e a criação de novas reservas indígenas para o Ministério da Agricultura. *The New York Times* também partiu da questão indígena ao tratar dos problemas do governo para a Amazônia e para o ambiente. E o francês *Le Monde* indicava que as primeiras medidas de Bolsonaro com relação à floresta e ao ambiente levam à preocupação com uma possível catástrofe gerada pelo aumento do desmatamento e por uma política "semicolonialista em relação às populações indígenas". A preocupação com os possíveis impactos das decisões do novo governo sobre o ambiente também foi foco de reportagem da *CNN* norte-americana, que disse que o mundo estava "preocupado com o futuro da floresta" após a posse.

Poucos meses depois, a preocupação ambiental deixou de tratar só das florestas e se voltou ao rompimento da barragem de Brumadinho, em Minas Gerais, que ganhou grande atenção no resto do mundo e piorou a imagem do Brasil, criando ainda mais preocupação com questões ambientais.

Visto de fora, o desastre foi interpretado como uma repetição do passado trágico de Mariana, mostrando que o Brasil parecia não ter aprendido as lições que deveriam ter saído do que em 2015 foi visto como "apocalíptico", mas possível de evitar.

O caso específico de Brumadinho não teve um impacto tão forte na imagem pessoal do presidente, mas o rompimento da barragem ampliou a associação entre o Brasil e riscos ambientais, que seria a percepção mais negativa do país no resto do mundo e que estaria mais ligada à figura de Bolsonaro.

A partir de julho de 2019, entretanto, ganhou força a imagem mais negativa e mais marcante do Brasil de Bolsonaro em todo o primeiro ano: a destruição da floresta Amazônica e a ameaça ambiental. O tema ganharia ainda mais visibilidade no exterior nos meses seguintes. A cobertura da imprensa internacional começou a dar grande destaque ao aumento do desmatamento e responsabilizava o governo de Bolsonaro por reduzir as proteções da floresta.

A declaração do presidente Jair Bolsonaro de que "a Amazônia é nossa", feita durante um café da manhã com jornalistas estrangeiros, também não gerou um efeito muito positivo no exterior. Em vez de aceitar passivamente o que o governo estava fazendo, a mídia internacional focou a atenção no que descrevia como uma crescente destruição da floresta e descuido do Brasil com sua proteção era cada vez maior. Analistas chegavam a apontar o aumento do desmatamento como uma ameaça ao mundo.

The Guardian publicou um editorial defendendo ação internacional contra o "desastre" do desmatamento. O texto mencionava o acordo comercial entre a União Europeia e o Mercosul, que exigiu que o Brasil não abandonasse o Acordo de Paris.

Um artigo assinado por um coletivo de doze cientistas, ativistas e acadêmicos da França e publicado pelo jornal *Le Monde* defendeu que o presidente francês, Emmanuel Macron, não ratificasse o acordo comercial acertado entre a União Europeia e o Mercosul. Segundo eles, a situação do Brasil era um peso contra o acordo, e a conclusão dele ameaçava o ambiente e os direitos de povos indígenas do Brasil.

Se em julho de 2019 viu-se crescer a discussão internacional a respeito da destruição da Amazônia, o mês seguinte mostrou a imagem do Brasil e do presidente pegar fogo junto com a floresta. A reputação negativa do Brasil chegou a um nível tão negativo que gerou um debate raro – e perigoso – sobre a própria soberania do país na região amazônica.

A imagem internacional do Brasil estava "em chamas". A imprensa internacional deu muita atenção à onda de queimadas que atingiu áreas protegidas de florestas brasileiras, mostrando a destruição da floresta e criticando a atuação do presidente.

O governante apareceu como diretamente responsável pelas queimadas em quase toda a intensa cobertura que a imprensa estrangeira fazia sobre o caso. Em muitos dos veículos de mídia do resto do mundo, o presidente era citado diretamente como culpado.

Segundo as principais análises publicadas no exterior, Bolsonaro esvaziou agências que trabalhavam com a proteção das florestas e ao mesmo tempo incentivou a exploração econômica das áreas de florestas. A combinação levou ao aumento das queimadas, que eram vistas então como fora de controle, e crise global.

SOBERANIA QUESTIONADA

'Quem é dono da Amazônia?', questionou o título de um artigo de opinião publicado em agosto de 2019 pelo jornal *The New York Times* em meio à crescente comoção global por conta das queimadas na floresta.

Até pouco antes, este tipo de pergunta não faria o menor sentido e sequer apareceria de forma séria na imprensa internacional ou em círculos acadêmicos e diplomáticos. Até então, qualquer discussão sobre internacionalização da Amazônia era fácil e corretamente interpretada como teoria da conspiração, paranoia e fantasia – como ocorreu em 2008 depois da publicação de uma reportagem do mesmo NYT com o título "Whose Rain Forest is this, Anyway?". Algo que pode ser traduzido livremente para: "De quem é esta floresta tropical, afinal?".

Com o aumento das queimadas na floresta após a posse de Bolsonaro, a ampliação da discussão internacional sobre proteção ambiental e a péssima imagem do presidente no resto do mundo – que é muitas vezes apontado como responsável pelos incêndios --, surgiram cada vez mais discussões que entram no assunto até então praticamente inédito.

A soberania do Brasil e a posse do território da Amazônia começaram a aparecer na mídia internacional como temas mais abertos à discussão do que a ordem internacional costuma aceitar.

O presidente da França, Emmanuel Macron, foi a voz mais relevante a levantar a possibilidade de que houvesse um estatuto internacional para proteger a Amazônia, alegando que discutir status da floresta é "questão que se impõe".

Além dele, foi possível ver aparecerem mais vozes no debate político internacional que, assim como o título publicado pelo *NYT*, questionavam a soberania da Amazônia.

Antes mesmo de governos europeus começarem a discutir os incêndios e verem a situação como uma crise internacional, as notícias sobre aumento do desmatamento e a impressão externa de que Bolsonaro permitia a livre destruição da floresta indicavam que seria apenas uma questão de tempo até que as grandes potências mundiais tomassem atitudes para tentar impedir a mudança climática.

Os primeiros exemplos disso surgiram no final de julho de 2019. Ali já era possível perceber na mídia internacional a propagação de notícias sobre o aumento do desmatamento da Amazônia. No meio de várias reportagens com tom crítico, um artigo publicado da revista *The New Republic* dizia que os Estados Unidos deveriam se preocupar mais com o aquecimento global e passar a ver o Brasil como uma ameaça existencial maior do que o Irã e a China (tradicionalmente vistos como maior risco pelos Estados Unidos) por conta do desmatamento crescente. Era um tom duro que até então não era visto facilmente no debate público.

No final do mesmo mês, um editorial do jornal *The Guardian* já se colocava favorável à ação internacional para controlar o desastre do desmatamento da floresta. A publicação defendia "o poder crescente da diplomacia climática", que tem pressionado o governo brasileiro.

Mas a verdadeira discussão sobre a questão da soberania apareceu realmente em um artigo publicado no início de agosto na revista *Foreign Policy* em que o professor de relações internacionais Stephen M. Walt, da Universidade de Harvard, falava sobre os riscos da ação internacional na floresta. O título original do texto questionava: "Who will invade Brazil to save the Amazon?" (Quem vai invadir o Brasil para salvar a Amazônia?).

O texto gerou uma reação imediata do Ministério das Relações Exteriores e do próprio Bolsonaro, e a polêmica levou a revista a mudar o título do artigo para excluir a ideia de "invasão". O mesmo texto passou a ter o título "Who Will Save the Amazon (and How)?" [Quem vai salvar a Amazônia (e como)?]. A ideia de ação internacional para pressionar o Brasil e proteger a floresta, entretanto, continuou válida como debate.

Menos de um mês após o choque inicial do texto da *Foreign Policy*, depois da ampliação das discussões internacionais sobre a Amazônia e a propagação maciça de imagens da floresta em chamas, esse tipo de crítica ganhou força. A questão da pressão internacional para forçar (e ajudar) o Brasil a proteger a Amazônia se tornou amplamente presente no debate público. E já era possível ver até mesmo várias menções a questionamentos sobre a soberania brasileira na região da floresta.

Um artigo publicado no final de agosto pela revista *The Atlantic* escalou o tom. Nele, o jornalista e escritor Franklin Foer criticava duramente Bolsonaro, que dizia ser diretamente responsável pela proliferação do fogo na Amazônia. Segundo Foer, o incêndio da floresta deveria ser tratado pelo resto do mundo como uma ameaça maior do que as armas de destruição em massa (que foram usadas como justificativa para invasão do Iraque).

Segundo ele, o mundo deve tratar Bolsonaro da mesma forma que trata o ditador venezuelano Nicolás Maduro, pressionando-o a lutar contra as quei-madas. "Evidentemente, isso pode não ser prático ou exacerbar o problema. Mas o caso da incursão territorial na Amazônia é muito mais forte do que as justificativas para a maioria das guerras. Enquanto isso, o planeta se engasga com antigas noções de soberania", defendeu Foer.

O tema reapareceu no texto de opinião do jornal *The New York Times* citado no início deste sub-capítulo. Segundo Quinta Jurecic, "os incêndios na Amazô-nia são uma espécie de teste de como a crise climática afetará a utilidade de conceitos aparentemente simples – como a soberania nacional".

Segundo o artigo, a ameaça do aquecimento global estava se intensifican-do, e as táticas tradicionais de pressão internacional podiam não ser suficien-tes. O texto admitia, entretanto, que a discussão poderia gerar problemas já registrados em outras situações em que países mais poderosos se sobrepõem de forma violenta a nações mais frágeis.

O tema ganhou força e chegou à política americana. Um artigo escrito por dois senadores dos Estados Unidos e publicado em setembro no site de opinião da rede *NBC* defendeu que o Congresso norte-americano tomasse atitudes para combater a destruição da Floresta Amazônica. De acordo com Brian Schatz (senador pelo Havaí) e Chris Murphy (senador por Connec-ticut), Donald Trump havia preferido manter sua amizade com Bolsonaro a lutar contra os incêndios, e era preciso agir para evitar uma "catástrofe climática".

Paralelamente, um grupo de ativistas usou o caso do Brasil sob Bolsonaro como um exemplo perfeito para mudar leis internacionais e criminalizar o que acontece no país. Segundo reportagem publicada por *The New York Times*, Bolsonaro se consolidou como o "vilão ideal", feito sob medida para ativistas que querem criminalizar o ecocídio, transformando a destruição do ambiente em um crime contra a humanidade.

O debate era amplificado pelo silêncio do governo de Trump. Os Estados Unidos poderiam ter uma influência maior no caso e encaminhar medidas mais diretas para definir uma resposta das grandes potências em relação à Amazônia, evitando a escalada da retórica de ambos os lados. Mas Trump costumava ter uma postura desinteressada em relação a questões ambientais e assumia um discurso favorável a Bolsonaro. O vácuo de poder deixado pelos Estados Unidos levou à ampliação dessa discussão e à tentativa de formação de coalizões para lidar com o Brasil.

Não é possível dizer que o discurso favorável a uma postura mais dura contra o Brasil foi o dominante, mas é evidente que surgiram mais e mais vozes abrindo espaço para a discussão sobre os mecanismos internacionais para pressionar o Brasil e para questões sobre a soberania da Amazônia.

A mera existência desse discurso abre precedentes preocupantes para as relações internacionais e acaba alimentando um ciclo perigoso para o Brasil e para o planeta. Além disso, vozes críticas neste nível alimentam o discurso do governo Bolsonaro e a postura do presidente de rejeitar qualquer ajuda externa, vendo qualquer movimento estrangeiro neste sentido como uma ameaça.

Assim, a troca de acusações e ameaças ia crescendo e realimentando um ciclo de discussões pouco saudáveis. Enquanto a floresta continuava sendo destruída, a preocupação externa crescia ainda mais, criando discussões sobre soberania que antes de Bolsonaro jamais seriam levadas a sério.

PROTAGONISTA NEGATIVO

A avaliação crítica dominou os comentários de analistas estrangeiros sobre a participação do Brasil na Cúpula do Clima, a COP-25, em dezembro de 2019. A conferência em Madri foi considerada um fracasso, e o Brasil, que um dia liderou este tipo de fórum internacional, assumiu um protagonismo negativo. De líder na ação contra o aquecimento global, o país virou uma obstrução.

A COP-25 se consolidou, assim, como um símbolo completo da guinada ideológica do Itamaraty sob o governo de Jair Bolsonaro. Evidente em áreas como defesa da democracia, direitos humanos, comércio, relação com os EUA, relação com Cuba, Mercosul e vários outros assuntos de política internacional, a transformação do perfil internacional do Brasil era exemplificada pela questão do clima.

Evidente ao longo de todo o primeiro ano do governo Bolsonaro, a guinada do Brasil abandonou um forte capital simbólico que vinha sendo acumulado pelo país desde os anos 1990. O Brasil era, até 2018, visto no resto do mundo como um dos países mais importantes na luta contra o aquecimento global e um dos melhores articuladores internacionais em encontros multilaterais reunindo mais de uma centena de países em busca de soluções conjuntas para problemas globais.

Tudo isso mudou desde a eleição de Bolsonaro.

Durante entrevistas com a comunidade de política externa de países que fazem parte do Conselho de Segurança na ONU, não foram raras as vezes em que a atuação em torno de questões ambientais e climáticas foram citadas como o melhor caminho para o Brasil construir sua liderança no mundo. Havia um vácuo global nessa área, diziam os analistas estrangeiros, sem que nenhum país conseguisse representar os interesses crescentes em todo o mundo (especialmente entre novas gerações) em proteger o ambiente. O Brasil teria toda condição de assumir definitivamente este papel, segundo a percepção de comentaristas nas maiores potências do mundo.

Em vez de continuar nesse caminho já muito bem desenhado, entretanto, o novo governo resolveu abandonar essa liderança e assumir um protagonismo negativo, bloquear negociações, atacar o tal do "globalismo" e zombar do fracasso da conferência.

Do ponto de vista da construção de prestígio internacional para o país, é difícil entender a lógica por trás dessa decisão. E mais difícil ainda de prever como isso pode beneficiar o país nas relações globais ou mesmo bilaterais. Sem um papel importante nas discussões sobre o ambiente global, sem poder militar e com cada vez menos soft power, parecem não sobrar opções para que o Brasil consolide algum respeito internacional e seja visto como um ator importante no mundo. As reformas econômicas até poderiam dar algum apoio ao país entre investidores, mas isso pode não ser suficiente para garantir relevância internacional para o país. O governo decidiu mudar a postura do Brasil, que passou a ser visto mais como um problema do que como uma solução.

LIDERANÇA QUEIMADA

A resposta externa à transformação do Brasil em um problema para a luta contra a destruição do ambiente não demorou. Antes mesmo de ser eleito presidente dos Estados Unidos, o democrata Joe Biden declarou, em um debate com Trump, que, caso vencesse as eleições, o governo brasileiro precisaria controlar e evitar a destruição da floresta, sob pena de sofrer sanções internacionais.

Com tom igualmente duro, líderes da Europa passaram meses rejeitando a aprovação do acordo União Europeia-Mercosul, alegando que o Brasil não parecia comprometido com a proteção ambiental. Governos e empresas discutiam boicote a produtos brasileiros associados à destruição da floresta.

O governo de Bolsonaro, enquanto isso, assumia postura negacionista. O presidente mentiu durante o seu discurso na abertura da Conferência anual da ONU em 2020, negou a gravidade dos incêndios e distribuiu acusações a ONGs e populações indígenas, além de fugir da responsabilidade pela ruptura do papel que o país tinha na política ambiental mundial. No discurso oficial, o Brasil protegia sua natureza, e quem criticava tinha "interesses escusos".

O resto do mundo parecia nem mesmo prestar muita atenção às declarações de Bolsonaro. Sua fala na ONU teve pouquíssima repercussão internacional, e a que teve foi quase toda negativa. A atenção estava voltada não ao que ele falava, mas aos dados sobre a destruição, que eram publicados com regularidade, e às imagens que mostravam o fogo devastando o Pantanal em 2020, como ocorreu antes na Amazônia.

A narrativa podia até ter apelo para os partidários do mandatário, porém, não colou com a comunidade internacional. Enquanto cresciam os consensos científico e político sobre a importância de políticas de proteção ambiental, a preocupação dos outros países ia muito além dos "interesses" conspiratórios apontados pelo governo. O mundo assumiu, nas últimas décadas, uma agenda que dá prioridade ao combate ao aquecimento global. Alinhada a isso, há uma percepção muito negativa sobre o papel do Brasil na questão ambiental.

A riqueza natural do país e as políticas que evidenciaram um crescente compromisso com a proteção dela, desde o fim da década de 1980, ajudaram a elevar o status internacional do Brasil. A demonstração de que seria possível impulsionar o crescimento da economia sem ampliar o desmatamento rendeu muito reconhecimento no início do século XXI. A nação se consolidava nos anos 2010 como uma referência global, tornando-se uma voz essencial em toda e qualquer conversa sobre políticas internacionais nesta área.

Grandes potências, como os Estados Unidos e a União Europeia, reconheciam publicamente esse papel proeminente nacional. E o protagonismo assumido na questão ambiental era frequentemente apontado como sendo um dos caminhos mais rápidos pelos quais poderia ganhar status internacional – e se aproximar de ser, também, uma potência.

Mas o país mudou de rumo. Junto com a pior recessão da história, ainda durante o governo de Dilma Rousseff, perdeu-se muito do ímpeto de proteger o meio ambiente e buscar um papel de liderança. Com a crise política, o impeachment, assim como a continuação da crise econômica, as coisas começaram a piorar. E, então, veio a crescente desregulamentação da proteção ambiental.

Desde que Bolsonaro chegou ao poder, o governo trabalhou para permitir mais exploração da Amazônia – como o próprio governante disse ao ex-vice-presidente dos Estados Unidos Al Gore, durante encontro tornado público por um vídeo. Ricardo Salles, ministro do Meio Ambiente do início de 2019 a junho de 2021, que deveria liderar a proteção ambiental, defendeu "passar a boiada" de desregulamentações, tendo, de fato, levado adiante este projeto. Assim, o país perdeu protagonismo, a sua voz deixou de ter relevância. A liderança do Brasil virou cinzas junto com muito de sua fauna e de sua flora.

PIOR DIPLOMACIA DO MUNDO

Os problemas de imagem do Brasil após a chegada de Bolsonaro ao poder não se limitaram à questão ambiental. Mudanças implementadas pelo novo governo fizeram o Brasil se encaminhar para uma inversão de prioridades na sua política externa, com uma aposta arriscada para a tentativa de construir uma projeção internacional como um país importante na conjuntura global. Em vez de impulsionar uma carta forte consolidada nas mãos do Itamaraty, preferiu jogar com uma alternativa incerta e perigosa para o jogo diplomático.

Antes mesmo de assumir a presidência, o novo governo anunciou que pretendia mudar a embaixada do Brasil em Israel – o que equivalia a comprar uma briga com importantes parceiros comerciais no Oriente Médio –, e decidiu não receber mais a COP-25, conferência do clima das Nações Unidas, que aconteceria em 2019 no país. Assim, antes de chegar ao poder, Bolsonaro indicou que o Brasil abriria mão do papel de liderança em uma área em que o país já era uma referência internacional – a ambiental –, enquanto levava o Brasil a enfrentar desafios diplomáticos em uma área em que o Brasil não é considerado muito relevante – a segurança no Oriente Médio.

Foi uma aposta arriscada, da qual dificilmente se podiam tirar benefícios para o país. Isso sem sequer discutir a questão ideológica, já que, se o país pretendesse mudar sua postura na questão ambiental, a melhor forma de fazer isso seria mantendo um papel de liderança, e não abrindo mão de ter uma posição importante na discussão global.

O principal trunfo do Brasil em política externa sempre foi seu soft power, o poder de persuasão por meios diplomáticos e sociais, sem apelar à força militar ou econômica. O uso deste poder suave depende muito da percepção externa que se tem do Brasil. E enquanto o país já é reconhecido por sua atuação na questão climática, não costuma ser muito relevante na hora em que tenta se envolver em questões de segurança internacional.

Tanto é assim que o país é sempre lembrado como importante em conferências climáticas e teria o potencial de sediar a terceira dessas reuniões internacionais, mas não costuma ser consultado em relação a decisões de segurança – e não foi muito respeitado quando tentou se envolver em negociações com o Irã, por exemplo.

O problema é que, segundo a comunidade de política externa dos países mais poderosos do mundo, a melhor forma de o Brasil aumentar sua influência internacional seria apostar nas cartas mais fortes que já tem na mão, como a questão ambiental ou as missões de paz, como no Haiti. Isso teria mais relevância na construção e desenvolvimento do soft power brasileiro do que a tentativa de se envolver em grandes questões de segurança nas quais o país não apita nada.

Durante pesquisa de doutorado no King's College de Londres, entrevistei diplomatas e políticos estrangeiros que diziam que não existia uma resposta genérica sobre o nível de influência global do Brasil, e que o país tem relevância em algumas questões, mas não em outras. A melhor aposta para o país seria focar nas áreas em que o Brasil é de fato relevante e deixar de lado aquelas em que o país não é ouvido. "O Brasil precisa definir suas prioridades e aproveitar o que já conquistou", ouvi mais de uma vez. O governo Bolsonaro parece pretender redefinir essas prioridades, abrindo mão do que o Brasil já tem de soft power para apostar em uma relevância que o país não possui.

A questão do Oriente Médio não costuma ser reconhecida como algo em que o Brasil tenha relevância e talvez não possa virar prioridade. A decisão de Bolsonaro era um alinhamento automático com as decisões de Trump, que não poderiam gerar resultados para o país. Conforme analisou o professor de relações internacionais da FGV Matias Spektor, em vez de fortalecer a mão de Bolsonaro em Washington, o primeiro movimento do governo terminou por enfraquecê-la.

O meio ambiente, sim, deveria ser uma dessas prioridades. O Brasil começou a se tornar uma referência em questões ambientais no começo dos anos 1990, com a conferência Rio 92. O papel importante do Brasil se reforçou ainda mais depois, com a Rio+20. Os dois eventos sempre são mencionados por diplomatas internacionais quando questionados sobre a força política do Brasil no resto do mundo. Ao rejeitar ser sede da COP-25, o país abriu mão do poder diplomático e da projeção internacional que levou quase três décadas construindo.

Mesmo com muitos alertas de especialistas preocupados com o que era indicado por Bolsonaro, seu governo foi marcado desde o princípio por uma forte guinada ideológica no Itamaraty, mudando as prioridades da diplomacia brasileira. A partir de fevereiro de 2019 ganhou força no exterior uma postura muito crítica às mudanças implementadas pelo governo de Bolsonaro na política externa do país.

Desde as primeiras semanas do novo governo, uma série de artigos de opinião, editoriais e reportagens com tom crítico às primeiras medidas de política externa de Bolsonaro ganhou destaque na mídia estrangeira. Textos em alguns dos veículos de imprensa mais respeitados do mundo questionavam o encaminhamento de mudanças na diplomacia do Brasil, e chegavam a indicar que o país estava dando as costas para o resto do mundo e ameaçando o soft power construído nas últimas décadas.

"O caso de amor do Brasil com a diplomacia morreu", dizia o título de uma análise publicada pela revista *Foreign Policy*.

O tom se tornou mais duro depois disso. Em um longo texto com forte teor crítico a respeito do governo de Jair Bolsonaro e as mudanças na política externa do Brasil desde o início do ano, a revista americana *Jacobin* publicou, já em fevereiro de 2019, um artigo em que analisava a situação do país e dizia que o ministro das Relações Exteriores, Ernesto Araújo, era o "pior diplomata do mundo". "O principal arquiteto da política externa de Jair Bolsonaro combina retórica nacionalista raivosa com submissão patética aos Estados Unidos", dizia o artigo.

DIPLOMACIA DE COMBATE

Depois de anos de perda de influência e soft power a partir de 2013, o governo Bolsonaro começou transformando a estratégia histórica das relações exteriores do país. Em vez de tentar retomar a força do "poder brando" e melhorar a reputação internacional do Brasil, a política externa assumiu uma postura mais belicosa e flertava com o "hard power", conceito usado para descrever a força militar e a capacidade de se impor globalmente por meio dela.

Isso ficou claro na postura do país desde 2019, com o rompimento diplomático com a ditadura de Nicolás Maduro, na Venezuela, discursos críticos à comunidade internacional na ONU, críticas à China, declarações sobre supostos interesses escusos na Amazônia, ataques a governos europeus e até ofensas à primeira-dama da França. Só os Estados Unidos pareciam ser poupados de qualquer crítica, por conta da admiração declarada de Bolsonaro por Trump –e mesmo isso deixaria de acontecer após a eleição de Joe Biden.

A tentativa de projeção de poder bruto possivelmente teve seu auge em setembro de 2020, quando o Exército realizou a Operação Amazônia, um exercício militar sem precedentes em sua história. A simulação de conflito na selva custou R$ 8,9 milhões aos cofres públicos na época e mobilizou cerca de 3.600 militares contra um fictício "exército vermelho".

Em nome de uma suposta defesa da soberania nacional e contra o que via como "globalismo", o governo mudou a chave da sua tradição diplomática. Deixou de lado os princípios históricos de cooperação e postura de pacifismo global, que eram sua marca na política internacional. O Itamaraty se transformou para assumir uma "diplomacia de combate", como batizou o ex-chanceler Celso Lafer.

A estratégia poderia até fazer sentido dentro de uma avaliação da teoria realista de relações internacionais, em que a força bruta é o que conta como medida de poder e segurança de um país. A postura de combate e o alinhamento aos Estados Unidos passariam a determinar a nova posição do Brasil na geopolítica global.

Mas a mudança de postura não se dá sem turbulências e gerou fortes críticas. Ex-ministros das Relações Exteriores acusaram esta nova diplomacia de contrariar os princípios da Constituição.

Embora o governo argumentasse que a eleição democrática fornecia mandato para determinar a política externa do Brasil, a transformação abandona mais de um século de tradição diplomática formada no Itamaraty desde os tempos do Barão do Rio Branco. Para Lafer, os princípios da diplomacia brasileira estão esquecidos porque eles são favoráveis à cooperação, não ao combate.

Ao deixar de lado a busca por consenso e equilíbrio e tentar assumir uma posição de força, o país correu um risco grande e pode acabar sem nenhuma forma de projeção. O Brasil arriscou perder o apelo histórico do seu soft power sem conseguir acumular "hard power" suficiente para ganhar relevância mundial – sem chegar perto de potências como Estados Unidos e Rússia. E, assim, passou a ter uma influência ainda mais encolhida na política global.

SÍMBOLOS DO FRACASSO

A mudança na condução da diplomacia brasileira cobrou seu preço no prestígio do país. Além da perda de protagonismo na discussão internacional sobre aquecimento global e questões ambientais, o primeiro ano de Bolsonaro no governo brasileiro também foi marcado por símbolos da decrescente importância do Brasil no mundo.

Um exemplo claro foi a falta de voz do Brasil na escalada de tensões entre os Estados Unidos e o Irã no início de 2020, e que foi admitida pelo próprio presidente. O caso consolidou o país persa como um dos principais símbolos do fracasso da ambição brasileira de se tornar uma grande potência internacional. Se antes o Brasil ainda tentava ser um país relevante (ainda que nem sempre conseguisse), a situação registrada a partir da segunda década do século XXI parecia mostrar que o país realmente falhou nesse objetivo. E o Irã esteve no centro de momentos marcantes desse fracasso.

Mesmo em um momento em que o país viu sua imagem melhorar e seu prestígio ser cada vez mais valorizado no resto do mundo, na primeira década do século XXI, foram as negociações de paz com o mesmo Irã que mostraram os limites do papel conciliador do Brasil.

Em 2010, o governo brasileiro chegou a avançar nas negociações de um acordo, ao lado da Turquia, mas teve sua proposta para limitar o projeto nuclear iraniano ignorada pelos Estados Unidos, que não deram muito valor a um papel de liderança brasileira no Oriente Médio. O fracasso dessas negociações é citado frequentemente por analistas de política internacional como símbolo das limitações globais do Brasil. Uma década depois, quanto o Brasil vivia uma reviravolta em sua política externa sob Bolsonaro e Ernesto Araújo, o posicionamento vacilante do Itamaraty e as declarações do presidente, de que o país não pode opinar por não ter armas nucleares, pareciam enterrar o projeto brasileiro de ser uma voz relevante no contexto da segurança global.

Realmente, o fato de o país não ser uma potência bélica faz com que ele muitas vezes não seja consultado, ou mesmo ouvido, em questões de segurança global. Foi assim nas negociações com o Irã no passado. O problema do posicionamento do governo Bolsonaro é que ele se junta a uma série de mudanças na política externa do país, que parecem deixar de lado a busca por prestígio e por ter uma voz global.

Se o Brasil tinha ambição em ser uma potência, independentemente das suas limitações militares, isso sempre levou o país a se posicionar internacionalmente, mesmo que em defesa de uma suposta neutralidade. Por mais que o país tenha sido criticado dezenas de vezes no exterior por parecer estar "em cima do muro", havia uma lógica no posicionamento em defesa da soberania nacional de diferentes países.

Na situação registrada em 2020, entretanto, o que se viu foi uma falta de ação para tentar manter uma agenda internacional consistente. O governo parecia apoiar os Estados Unidos, mas não queria comprar briga com toda uma região de importantes parceiros comerciais, recomendava diplomatas a não fazerem homenagens ao general iraniano, ao mesmo tempo dizia que ia manter o comércio com o Irã, vacilava, deixava de lado posicionamentos do passado e parecia se afundar em insignificância internacional.

Outro exemplo da perda de relevância do Brasil no mundo foi a crise política na Bolívia, em novembro de 2019, com a renúncia do presidente Evo Morales. A ebulição política no país, sob pressão das Forças Armadas, chegou a ser vista por muitos como um golpe, e voltou a demonstrar a ausência de protagonismo do Brasil em assuntos internacionais.

A falta de ação do Brasil como líder regional era sempre mencionada por especialistas em política externa quando se falava sobre a crise venezuelana e a falta de articulação do Brasil com os vizinhos. Com a ampliação da crise em vários países da região, e especialmente os problemas enfrentados pela Bolívia, o Brasil se destaca pelo papel que não estava desempenhando.

Para diplomatas e acadêmicos, o Brasil tem uma relação historicamente complicada com a América Latina. O historiador britânico Leslie Bethell é famoso em círculos acadêmicos por seu questionamento a respeito de o Brasil ser realmente uma parte da região, de tão marginal que é seu papel na área. Mesmo assim, observadores externos tradicionalmente esperavam que um papel forte dentro da região, ou até mesmo uma ação hegemônica, poderia ser interpretado como um degrau importante na consolidação do projeto brasileiro de se projetar mais fortemente no mundo. Considerando a ambição brasileira de ser uma grande potência, há uma forte defesa de que a América Latina deveria ser o ambiente para desenvolver um papel mais relevante para o país.

É verdade que a avaliação não é unânime. Há acadêmicos que não veem a região como um passo necessário no caminho da construção de um papel global para o Brasil e apontam estratégias alternativas para isso. O pesquisador argentino Andrés Malamud, por exemplo, diz que, mesmo quando o país conseguia se projetar, o Brasil seria "um líder sem seguidores" na região, dado o fato de que não havia um reconhecimento regional dessa hegemonia brasileira. Mas é muito frequente observadores internacionais considerarem a América Latina como uma área de liderança natural do Brasil.

Em entrevistas com a comunidade de relações internacionais dos cinco países que são membros permanentes do Conselho de Segurança da ONU (Estados Unidos, Reino Unido, França, Rússia e China), era frequente ouvir que a inação do Brasil na instabilidade venezuelana era inexplicável. Para esses países, caberia ao Brasil, como maior e mais forte país da região, atuar para amenizar a crise – o que não aconteceu nem sob governos do PT, nem com Bolsonaro no poder.

Sem um protagonismo regional, pode ser mais difícil para o Brasil convencer o mundo de que está pronto para ter um papel importante na política global.

LÍDER DOS AVESTRUZES

Depois da piora gradativa da reputação do país ao longo de 2019, a propagação do coronavírus se transformou em uma crise global de saúde, desde o início de 2020, e também levou a imagem do país a níveis mais baixos. Enquanto países do mundo inteiro lidavam com uma pandemia que deixava centenas de milhares de mortos em seus primeiros meses, o Brasil via seu prestígio se afundar ainda mais enquanto se consolidava como símbolo de atuação equivocada no combate à Covid-19.

A imagem mostrada pela cobertura da imprensa internacional era a de um país que mergulhava em crises e parecia ignorar o problema, enquanto a doença começava a devastar sua população.

À medida que o país via crescer rapidamente o número de vítimas da doença, e *The Washington Post* publicava em sua capa uma foto de centenas de covas sendo cavadas em um cemitério de São Paulo, o Brasil virou o líder da "Aliança do Avestruz", segundo uma reportagem publicada pelo jornal econômico *Financial Times*. Enquanto a maioria dos líderes do mundo tomava ações drásticas para lutar contra a propagação do coronavírus, dizia a reportagem, Bolsonaro continuava minimizando a ameaça à saúde dos brasileiros.

O termo foi introduzido pelo professor Oliver Stuenkel, da FGV. Era uma referência ao mito de que avestruzes enfiam a cabeça na areia para se esconder de problemas e fugir do perigo. O país fingia que não havia nada de errado, e o governo de Bolsonaro passou a ser visto como o principal negacionista da crise global de saúde causada pela pandemia.

Um editorial da revista científica *The Lancet*, uma das mais importantes na área médica, resumiu a reputação do governo brasileiro ao chamar Bolsonaro de "a maior ameaça à resposta do Brasil à Covid-19". A publicação sugeria que ele mudasse sua conduta ou fosse "o próximo a sair".

Um estudo de imagem e reputação do país realizado pelo escritório de consultoria Curado & Associados em sete veículos da imprensa internacional no primeiro semestre de 2020 comprovou essa imagem negativa da gestão da pandemia no Brasil. A mídia estrangeira deu grande visibilidade a declarações polêmicas do presidente e à falha na entrega de soluções para a crise. Além disso, houve registro internacional sobre o crescimento da insatisfação da população, com uma série de panelaços contra o governo em várias partes do país.

Isso tudo levou Bolsonaro a ganhar destaque na mídia internacional como o líder mais ineficiente do mundo no combate ao coronavírus. A avaliação foi feita pelo presidente da agência de risco Eurasia Group, Ian Bremmer.

"O movimento de negação do coronavírus oficialmente tem um líder e é o presidente brasileiro Jair Bolsonaro", resumiu uma reportagem da revista americana *The Atlantic*. "Ele descreveu a doença como uma 'gripezinha', um insignificante 'resfriado'. Ele acusou a mídia de fabricar 'histeria'", disse a publicação.

Essa imagem negativa se espalhou nos principais veículos da imprensa internacional. "Nenhum líder mundial foi mais ativo em subestimar a ameaça do coronavírus do que o presidente brasileiro", criticou a revista *The New Yorker*. "Especialistas médicos temem que Bolsonaro possa estar acelerando a marcha do país em direção a uma crise devastadora da saúde pública", destacou *The Guardian*. *The Washington Post* foi além e publicou artigo contra o governo brasileiro. "Bolsonaro está colocando o Brasil em perigo e precisa sofrer impeachment", avaliava.

Não fossem suficientes os problemas ligados à crise de saúde e a negação dos riscos da pandemia pelo governo, a imprensa internacional também destacou que o Brasil vivia uma situação pior do que a do resto do mundo por conta de problemas políticos, com a demissão dos ministros da Saúde, Luiz Henrique Mandetta, e o da Justiça, Sergio Moro. Como resumiu a agência de notícias internacional *Reuters*, o país conseguiu a proeza de ter "uma crise política no meio de uma crise econômica durante a pandemia de coronavírus".

A percepção se manteve ao longo de todo o ano de 2020 e chegou a 2021. A virada deste ano foi marcada por um importante avanço científico internacional que oferecia alguma esperança na luta contra a pandemia de Covid-19. Desde o começo de dezembro do ano anterior, vários países começaram a vacinar suas populações, em um processo que tendia a ser lento e cheio de desafios, mas que tinha o potencial de ajudar a superar a crise sanitária global.

Em todo o mundo, mais de 12 milhões de doses de algum tipo de vacina já haviam sido aplicadas até os primeiros dias de 2021. A China e os Estados Unidos lideravam o ranking do total de doses aplicadas, enquanto Israel, Bahrein e Reino Unido se destacavam no porcentual da população já imunizada. Na América Latina, Argentina, Chile, Costa Rica e México saíram na frente.

Enquanto 2021 começava com a promessa de superar a pandemia que abalou o mundo, o Brasil ia ficando para trás mais uma vez. O país começou o ano sem um plano claro de imunização, tampouco tinha aprovação de nenhuma das vacinas desenvolvidas internacionalmente e, até mesmo, sem seringas para aplicar o imunizante na população.

O contraste entre a esperança mundial e o enorme risco enfrentado pelo Brasil no início de 2021 era resultado dos grandes erros na conduta do governo no combate à pandemia. Por mais que o presidente tenha declarado, no fim de dezembro de 2020, que "acertou tudo" na atuação, o que se via era um país que registrava aumento do número de casos e mortes – o que jamais poderia ser visto como um sucesso da política adotada nacionalmente.

Mais do que isso, o sucesso que o mundo começava a colher no uso da vacina para combater a pandemia era resultado de uma aposta em abordagens internacional e científica opostas às que o Brasil adotou. Tratava-se de uma defesa da pesquisa científica com colaboração de diferentes países, financiadores e empresas multinacionais, sob incentivo da Organização Mundial da Saúde (OMS). Enquanto isso, a diplomacia brasileira rejeitava o que chama de "globalismo", o país cortava verbas destinadas a universidades, e o presidente assumia postura crítica ao que recomendavam médicos e cientistas. Até mesmo o Ministério da Saúde ficou sob a responsabilidade de um militar sem conhecimento na área.

Apesar de ter sido palco de muitas das pesquisas que levaram ao desenvolvimento de vacinas, como a de Oxford e a chinesa CoronaVac, o país não avançou com estudos próprios para desenvolver imunizantes e acabou se prendendo a poucas alternativas entre as desenvolvidas no mundo. O Brasil errou o rumo e viu o ano da esperança começar longe da própria realidade. Mesmo que ao longo de 2021 a população tenha rejeitado o negacionismo do governo e se mostrado disposta a se vacinar (o que acabou reduzindo o impacto da pandemia no país), mais de 600 mil pessoas morreram sem que o governo conseguisse dar uma resposta à altura do desafio da pandemia.

O "DOENTE" DA AMÉRICA LATINA

O Brasil nunca foi exatamente uma potência hegemônica na América Latina. Por mais que seja reconhecidamente o maior, mais forte e mais rico da região, o país sempre teve uma relação complicada com o resto do continente, exercendo o que poderia no máximo ser chamado de liderança tênue, pouco significativa. Nada disso se compara ao momento em que a propagação do coronavírus na maior nação latino-americana fez com que o Brasil fosse visto por seus vizinhos como uma ameaça à saúde pública regional. O Brasil virou "o doente da América Latina".

A descrição surge de uma analogia à expressão "the sick man of Europe", tradicionalmente usada desde o século XIX para se referir a países da região que enfrentam graves crises econômicas. Em meio a uma pandemia, a ideia de "doente" ganhou significados literais e passou a representar uma nação que realmente enfrenta problemas de saúde... E que pode contaminar seus vizinhos.

Isso ficava evidente na crescente cobertura que a imprensa estrangeira fez sobre os riscos que a falta de controle do vírus no Brasil representava para a região.

Uma reportagem publicada pela *BBC News Brasil* resumiu assim a situação: "O Brasil virou motivo de grande preocupação e temor nos países vizinhos — levando aliados do presidente Jair Bolsonaro a colocar a afinidade política de lado e adversários na região a intensificar suas críticas ao líder brasileiro".

A resposta frágil do governo brasileiro à pandemia e o aumento exponencial do número de vítimas no país ameaçavam enfraquecer ainda mais os laços do Brasil com a região.

Isso acontecia apesar de o ministro das Relações Exteriores, em sua resposta raivosa a ex-chanceleres que criticaram a atuação do governo de Bolsonaro na esfera internacional, ter alegado que "fizemos mais pela integração latino-americana do que volumes e volumes de discurseira integracionista".

Este novo status do Brasil na região tende a ser problemático para negociações futuras e para a tentativa de integrar a América Latina e de ser o líder do continente. Ainda assim, como mencionado, não significa que o Brasil já tenha tido algum tipo de hegemonia regional.

Parte disso vem de uma questão de identidade. Como o historiador britânico Leslie Bethell defendeu em um importante artigo de 2010, historicamente, o Brasil nunca foi considerado parte da América Latina – nem pelas elites do Brasil nem pelas do resto da região. E foi só depois do fim da Guerra Fria que ele começou a tentar ter um maior engajamento com o continente.

Bethell alega que intelectuais brasileiros tinham consciência do passado comum com o restante do continente, mas se viam separados pela geografia, pela história, pela economia, pela formação da sociedade e especialmente pelo idioma, pela cultura e pelas instituições políticas. Este distanciamento, portanto, pode ter dificultado a construção de uma liderança regional pelo Brasil.

Parte da dificuldade em assumir a liderança na região vem de uma postura historicamente complicada do Brasil em relação aos vizinhos. Desde, pelo menos, o início do século XIX, o Brasil assumiu uma postura de superioridade em relação ao restante da região, o que ganhou força depois da independência. Segundo Ron Seckinger, Dom Pedro I e os brasileiros acreditavam que o "Império" seria uma potência proeminente na região e tentavam projetar desde então uma imagem nacional de superioridade do Brasil por conta das suas instituições monárquicas, seu território, sua população e seus recursos naturais.

Outro forte argumento sobre a dificuldade em ser a principal potência regional foi apresentado pelo pesquisador argentino Andrès Malamud em um artigo acadêmico. Segundo ele, uma forte divergência entre as performances do Brasil em escala regional e global fazia com que o país se consolidasse na América Latina como "um líder sem seguidores".

Uma evidência disso era que os países da região não assumiam postura de defesa do Brasil em sua tentativa de alcançar papéis importantes em instituições internacionais. Este é o caso, por exemplo, do fracasso da tentativa brasileira de tornar o país membro permanente do Conselho de Segurança da ONU. A dissertação de mestrado defendida por Mariana Bezerra Moraes de Araújo na Universidade do Minho, em Portugal, em 2011 também comprova isso. A pesquisadora analisou a cobertura que a mídia internacional fez da candidatura brasileira ao CSNU e mostrou que jornais da Argentina e do México foram os mais ativos na rejeição a este papel de liderança do Brasil.

Um contraponto importante a esta visão foi apresentado por uma pesquisa realizada pelo pesquisado Leslie Wehner, da Universidade de Bath, no Reino Unido. Ele realizou entrevistas com lideranças políticas e diplomáticas de países da América do Sul e revelou que eles acreditam que o Brasil tem, sim, um papel de liderança da região.

Não faltam evidências históricas e políticas dessa relação problemática do Brasil com a América Latina, portanto. Mas o fato de não ser reconhecido como líder não siginifica que os outros países da região precisam se preocupar com a relação com o Brasil. O comportamento pacífico do país desde a Guerra do Paraguai pode ter ajudado a fazer com que o Brasil não fosse visto como uma ameaça à segurança da região – ainda que a pandemia tenha gerado uma nova preocupação para os vizinhos.

PONTES DERRUBADAS

Ao se tornar epicentro da pandemia do coronavírus em meio a uma crise política e a uma postura presidencial de negação da ciência, o Brasil viu sua imagem internacional atingir um dos piores patamares da história. Para além dos problemas internos, que pioraram a reputação do país, o governo de Jair Bolsonaro parecia interessado em destruir qualquer alternativa de caminho para a construção e ampliação do prestígio internacional do Brasil.

Esta avaliação é parte dos resultados da pesquisa de doutorado que desenvolvi no King's College London (em parceria com a USP). Ela se baseia em entrevistas com 94 membros da comunidade de política externa dos cinco países que são membros permanentes do Conselho de Segurança da ONU – ou seja, as maiores potências do planeta.

Ao analisar o nível de reconhecimento da importância do Brasil para essas potências era evidente que o país não tem muito poder militar ou econômico e que soft power (poder de influência sem uso da força) tem alcance limitado. Assim, seria necessário e possível usar caminhos alternativos para ampliar o status do Brasil no mundo. Esses caminhos é que estavam sendo destruídos pelo governo Bolsonaro.

A percepção externa indica que o Brasil historicamente tem uma ambição internacional maior do que sua capacidade real. Isso explicaria a candidatura do país a um assento permanente no Conselho de Segurança. Em vez de almejar a um cargo que seria fruto do reconhecimento de um papel de potência do Brasil (que ele não tem), os observadores estrangeiros indicam que o país precisa apostar nos trunfos que já possui e investir em construir status por pontes que estão ao seu alcance.

O Brasil poderia se tornar um membro importante da política global, portanto, através da sua liderança regional na América Latina, da defesa do multilateralismo, do profissionalismo do Itamaraty e da sua presença em instituições internacionais. Além disso, seriam alternativas para projeção internacional a relação com os BRICS, a política de defesa ambiental e contra o aquecimento global, uma forte defesa da democracia nos âmbitos doméstico e internacional, e a popularidade da liderança política dentro do país.

Tudo isso foi erodido por Bolsonaro desde janeiro de 2019.

O Brasil perdeu relevância regional e deixou um vácuo na crise eleitoral da Bolívia e no longo colapso venezuelano. Rejeitou o multilateralismo e alinhou-se automaticamente aos Estados Unidos de Donald Trump, com ataques constantes a um suposto "globalismo". Abdicou do protagonismo em políticas ambientais em troca de uma imagem negativa com a destruição crescente da

Amazônia. E a constante ameaça de autoritarismo levanta questionamentos sobre o papel da democracia no prestígio brasileiro.

Além disso, o Itamaraty parece encolhido, reduzido a escrever cartas protestando contra críticas da imprensa internacional e a péssima imagem pessoal de Bolsonaro. Os constantes ataques à China põem em xeque o papel do país no BRICS. E a isso se juntam a ameaça de sair da OMS e a indicação de uma figura controversa ao Banco Mundial, o que diminui a sua força em grandes instituições.

Observadores externos indicam que todos esses caminhos vinham sendo usados com certo sucesso pelo país desde a redemocratização, no fim dos anos 1980. Eram eles que ajudavam a dar algum reconhecimento internacional ao Brasil frente à ausência da capacidade de se impor pela força militar ou econômica. Seriam opções importantes para a construção de uma boa reputação internacional. Bolsonaro chegou ao poder prometendo fazer o país ser mais respeitado no mundo, mas suas políticas vão no sentido contrário do que poderia de fato ampliar o status do Brasil.

DIPLOMACIA SEM PRESTÍGIO

A política externa brasileira passou por muitas mudanças depois que Bolsonaro chegou à presidência, mudou as prioridades e os alinhamentos da posição internacional do Brasil, comprou brigas com aliados históricos e ameaçou importantes relações econômicas. Isso tudo afetou a forma como o país é visto no resto do mundo.

Essas e outras transformações ganharam uma defesa, um documento que registra, do ponto de vista interno, tais mudanças de rumo – mas que, na verdade, deixa evidente que o Brasil se ilude em relação ao seu prestígio e não percebe que a própria presença global está encolhida. A transformação da diplomacia nacional é o tema do livro *A nova política externa brasileira*, que reúne discursos, artigos e entrevistas de Ernesto Araújo, ministro das Relações Exteriores entre 2019 e 2021. De forma genérica, Araújo argumenta que a nova política externa brasileira se baseia na democracia, na transformação econômica, no desenvolvimento, na soberania e nos valores da nação brasileira, bem como pelo conceito de liberdade.

Na prática, isso tem vários problemas. Em primeiro lugar, o foco em soberania e desenvolvimento é objetivo permanente da diplomacia brasileira há décadas, então, não há nada de "novo" nessa conduta. A ideia de uma política pautada pela democracia esbarra no posicionamento político do presidente, que defende abertamente a ditadura militar e se alinha a líderes autocratas mundiais. A transformação econômica dependeria de uma política de mais abertura do país, que, apesar de existir no discurso, não se tornou realidade. Por último, a defesa de valores da Nação e da liberdade são conceitos vagos e sem uma relação clara com o Brasil.

Fica evidente no livro que o processo contínuo de perda de prestígio internacional do país é ignorado pelo governo. Mais do que isso, o Itamaraty de Araújo esteve claramente iludido a respeito do nível de reconhecimento do Brasil no mundo.

A questão do status global do Brasil aparece em apenas um dos textos, nas quinhentas páginas da publicação. Em "Mensagem de fim de ano", de 2019, Araújo reconhece que há um discurso sobre perda de prestígio nacional, mas nega que isso aconteça. "É exatamente o contrário. Todos os nossos interlocutores visivelmente transmitem, não só explicitamente, mas na sua atitude, uma nova atribuição de prestígio ao Brasil. [...] O Brasil hoje é visto como um ator muito mais importante do que era antes. É uma ideologia, aí, que realmente diz que nós perdemos prestígio. Não tem nenhum dado da realidade para provar. Todos os dados da realidade provam o contrário."

O governo pode até acreditar de verdade nisso. Entretanto, status e prestígio não são o que um governo quer que seja, que tenta projetar ou ouve de um ou outro interlocutor – mas são, efetivamente, como um país é visto e reconhecido pela comunidade internacional. É um fenômeno difícil de medir de forma objetiva, mas, ao longo dos últimos anos, não faltam evidências de que o Brasil esteja perdendo status mundo afora. O próprio Araújo chegou a falar que seria aceitável o país virar um "pária internacional". Nações com prestígio, como ele diz ser o Brasil, não são párias.

Todos os índices que medem a "marca" do país mostram quedas desde 2013 (e piorando ainda mais desde 2018), como explicado no sétimo capítulo deste livro. O principal deles, o Nation Brands Index, de 2020, mostrou o Brasil em 29º lugar no ranking global. Em meados de 2010, figurava frequentemente em 20º.

A mídia internacional é outra evidência. Há praticamente um consenso em uma abordagem crítica ao que acontece no Brasil e em sua política externa. Declarações de políticos e líderes estrangeiros completam bem a lista que mostra o declínio do prestígio nacional. O posicionamento europeu em relação ao acordo com o Mercosul, parado por anos em decorrência das críticas à política ambiental do Brasil, se juntam a isso.

A pandemia deixou ainda mais evidentes esses problemas de imagem do Brasil, visto como epicentro da propagação de Covid-19 e um dos países que mais negam a ciência. O governo Trump, nos Estados Unidos, talvez tenha sido o único de uma nação importante para o Brasil a dar realmente algum reconhecimento ao governo brasileiro. Entretanto, o mandato de Trump acabou em 2021. Além disso, demorou para haver um posicionamento claro do Brasil sobre a eleição de Biden no país norte-americano, o que tornou esse prestígio internacional brasileiro ainda menor.

Independentemente do que o governo diz acreditar, a verdade é que o Brasil perdeu, sim, prestígio internacional. A nova política externa finge que não, mas ela é uma das responsáveis por este encolhimento do status do país.

O PIOR CHANCELER

O governo Bolsonaro completava apenas dois meses quando, em fevereiro de 2019, o historiador André Pagliarini vaticinou sobre os caminhos tomados pelo Itamaraty sob o novo governo. Em artigo publicado pela revista americana *Jacobin*, o então recém-nomeado ministro das Relações Exteriores, Ernesto Araújo, era chamado de "pior diplomata do mundo". Desde a eleição de 2018 já eram percebidos no exterior indícios de que, com o novo governo, o Brasil daria as costas ao mundo, abandonando o soft power acumulado ao longo de décadas, mas aquela era a definição mais crítica até então. Pouco mais de dois anos depois, no início de 2021, Araújo deixou o MRE, confirmando a previsão e se consolidando como o pior chanceler da história recente do Brasil.

Araújo liderou a política externa brasileira por descaminhos que romperam com tradições históricas da diplomacia do país, que assumiram uma postura de permanente confronto e levaram o Brasil a ver seu prestígio encolhido e sua voz desvalorizada.

Desde 2019 o país pareceu ter deixado de lado os interesses do Estado e passou a defender apenas as ideias que pautam o presidente Bolsonaro. O próprio Araújo chegou a admitir que o país corria risco de se tornar um pária internacional e dizia que aceitava isso em nome da defesa sem sentido de uma "liberdade" que só ele via ameaçada. Após dois anos, foram evidentes os sinais de desgaste que indicam que o Brasil só perdeu, e muito, na sua relação com o resto do mundo.

Alimentado por uma rejeição a um fantasma que chamou de globalismo e por uma ideologia presa a divisões da Guerra Fria, o pior chanceler da história do país comprou disputas desnecessárias com a China, maior parceiro comercial do Brasil. Araújo criou tensão com o embaixador chinês no país e chegou a responsabilizar a China pela pandemia de Covid-19, arriscando não só o comércio internacional, mas a própria saúde do país, em parte dependente de vacinas e insumos chineses.

Dentro da política regional, atacou a Argentina pela legalização do aborto, apoiou um movimento para derrubar Evo Morales na Bolívia e alimentou uma escalada perigosa na relação com a Venezuela, seu maior vilão na América do Sul, ao reconhecer um opositor como verdadeiro líder do país.

Para defender uma pauta conservadora e garantir o direito de o governo Bolsonaro "passar a boiada" nas regulamentações ambientais, colocou sob ameaça o acordo entre a União Europeia e o Mercosul.

Em nome de um alinhamento automático ao ex-presidente Donald Trump, levou o Brasil a flertar com um movimento de clara tendência golpista nos Estados Unidos. Acusou fraude nas eleições e demorou a reconhecer o resultado dos votos, criando tensão com o governo de Joe Biden. Deixava, assim, o Brasil isolado e sem aliados entre as maiores potências do mundo.

Completa o pacote de ações equivocadas a postura belicosa em relação a qualquer crítica internacional. O Itamaraty sob Araújo reagiu de forma raivosa a reportagens da mídia estrangeira que apontavam problemas do Brasil. Fez o mesmo quando a crítica vinha de líderes e políticos de outros países. Em outro exemplo, ele mentiu em uma resposta à *CNN* internacional sobre o descontrole do Brasil em relação à pandemia.

O pior ministro das Relações Exteriores saiu do governo e deixou o Brasil com um papel muito menor na política internacional do que no passado. Sua saída foi um passo fundamental para a reconstrução de uma diplomacia pautada pela política de Estado, e não baseada apenas nos interesses e ideologias do governo da vez.

A exemplo do que se discutiu na mudança no Ministério da Saúde com a saída do general Eduardo Pazuello, entretanto, ainda seria preciso que a mudança no Itamaraty fosse além da troca do nome do ministro. Por mais que ele tenha saído como pior chanceler da história recente, Araújo servia aos interesses e ideais do presidente Bolsonaro.

Carlos Alberto França, diplomata de carreira com pouco destaque no Itamaraty, assumiu o ministério em seu lugar. Seus primeiros movimentos deram impressão positiva. O chanceler fez um discurso de posse que deixava de lado teoria das conspirações e enfatizava a importância de uma diplomacia que ajudasse o país a conseguir vacinas no pior momento da pandemia de Covid-19. Também reaproximou o Brasil da China, tentando desfazer tensões. A sinalização era de uma normalização do MRE após a passagem do seu pior momento.

Isso é importante. O desgaste do Itamaraty sob Araújo pode ter servido de lição para que seus sucessores trabalhem para que o Brasil consiga restabelecer uma relação saudável com o resto do mundo, deixando de lado a diplomacia de confronto, reforçando o diálogo, defendendo os interesses comerciais do país e trabalhando para garantir acesso a vacinas para salvar a vida de brasileiros.

MIL DIAS DE CAOS

O governo de Bolsonaro completou mil dias em setembro de 2021. Este período trouxe transformações sem precedentes para a política externa do país. Diferentes estudos acadêmicos àquela altura já avaliavam as mudanças promovidas na diplomacia nacional durante esses quase três anos. A maioria dessas abordagens descrevia uma reinvenção de tradições históricas do Itamaraty, em uma série de rupturas que são vistas como controversas e problemáticas. Para pesquisadores de relações internacionais, desde 2019 o Brasil passou a ter uma política externa baseada em uma estratégia de caos.

É verdade que diferentes governos na história da República brasileira fizeram mudanças na condução da política externa do país. No entanto, esses governos anteriores costumavam compartilhar objetivos e valores básicos da diplomacia. Bolsonaro desafiou essa ideia de continuidade, e seu governo marcou a ruptura mais significativa das tradições. Sob Bolsonaro, os princípios clássicos da diplomacia brasileira, como o multilateralismo democrático, ficaram em segundo plano em favor do foco em políticas de tecnologia, infraestrutura e comércio. O Brasil abandonou a política de Estado para dar lugar a uma política de governo, colocando em xeque a imagem de independência do Itamaraty.

As mudanças foram anunciadas desde a campanha presidencial de Bolsonaro. Ele foi eleito prometendo desmantelar sistematicamente o perfil internacional do Brasil. O país deixou de ser um mediador confiável, negociador habilidoso e uma voz potencial para os países do Sul Global. O novo governo mudou a posição do Brasil em relação a Cuba, Venezuela, China e a ONU.

Desde sua eleição, o plano de Bolsonaro era visto por pesquisadores como uma tentativa de destruir as antigas tradições diplomáticas do Brasil de relações pragmáticas e universais, compromisso com o multilateralismo e solução pacífica de disputas internacionais. Enquanto o presidente deu as costas ao Brasil para parceiros tradicionais como a China com base em uma suposta defesa da democracia e da liberdade, ele se aproximou de outros países com governos autoritários como Arábia Saudita, Hungria e Polônia.

Com Bolsonaro, foi a primeira vez que a ideologia de extrema-direita encontrou expressão política na política externa do país. Estudos sobre a onda de governos populistas de extrema-direita em todo o mundo argumentam que eles compartilham uma identidade sobre suas concepções de papel nacional formado pelo antiglobalismo e oposição às instituições internacionais; nacionalismo; e um antagonismo permanente com algum inimigo. Isso é bem evidente no que o governo brasileiro fez em sua política externa desde 2019. A justificativa ideológica usada na condução da política, porém, parece mais voltada para os interesses internos e para o agrado da base política do presidente do que para uma estratégia real de política externa.

Embora tenha havido uma mudança clara de prioridades e tom, os primeiros resultados das estratégias de política externa de Bolsonaro foram visivelmente erráticos, às vezes incoerentes e cheios de contradições. Em suma, as mudanças radicais assumem o que era interpretado como uma estratégia de caos. Em mil dias, o governo desfez políticas que tinham sido bem-sucedidas na arena global e criou um perfil novo que não consegue ajudar na projeção do país. O resultado foi a erosão da imagem do Brasil no cenário mundial e uma crescente dilapidação das relações externas do Brasil com outros atores internacionais.

CONCLUSÃO

QUEM AINDA ACREDITA NO BRASIL?[10]

O NOTICIÁRIO POLÍTICO E ECONÔMICO DO BRASIL no fim de 2021 poderia virar um importante estudo de caso de como fazer com que um país não seja visto como sério pelo resto do mundo. A mudança nas regras fiscais que romperia o teto de gastos, particularmente, se consolidava como um modelo de uma nação que faz de tudo para não ser vista como confiável e se projeta como um lugar frívolo e sem responsabilidade.

O problema não seria apenas o rompimento do teto. Outros países lidam com dificuldades orçamentárias, e até mesmo os Estados Unidos, nação mais poderosa do mundo, vive discussões sobre limite orçamentário e como rompê-los. Sem entrar no mérito do teto em si, dos limites aos gastos e da necessidade de se criar um programa de auxílio para os mais pobres, o exemplo de imprevisibilidade e falta de confiança no país se apresentava ali.

O caso do Brasil se destacava por conta de um histórico do país neste sentido, e pela tradição de desrespeito a regras que o próprio país inventa, burla com sucessivos jeitinhos e acaba nunca cumprindo totalmente. Essa cultura é famosa nas velhas frases de leis que não pegam e que são aprovadas apenas "para inglês ver", uma referência à estratégia de fingir que o país é muito correto, desenhar regras que na teoria são admiráveis, mas que na prática nunca serão seguidas.

No passado, o pesquisador americano John French usou esta ideia para se referir às leis trabalhistas do Brasil. No papel, seriam as melhores do mundo, mas nunca foram totalmente cumpridas. O mesmo poderia ser dito da própria Constituição do país.

---

10 Este capítulo foi escrito com base em artigos publicados na revista *Problemas Brasileiros*.

E o teto de gastos é mais um exemplo claro disso. A medida foi desenhada pelo governo de Michel Temer para desfazer a imagem negativa que o governo Dilma tinha no controle das finanças públicas. Logo após o impeachment, uma nova lei para forçar o país a controlar os gastos era uma forma de mostrar ao mundo e aos mercados que o Brasil não se deixaria mais levar para uma vida perdulária. Queríamos nos mostrar tão sérios que criamos um mecanismo que não deixaria que se gastasse mais do que se arrecadava.

Na teoria, era tudo o que se esperava para acertar o rumo da economia do Brasil. Na prática, um longo histórico de leis e regras que nunca são cumpridas já deixava muita gente desconfiada. Basta ver que o Brasil nunca conseguiu se recuperar totalmente da crise econômica mais grave da sua história, na década passada. A curta vida do teto de gastos reforça essa noção, evidencia mais uma tentativa de fingir responsabilidade e atrapalha qualquer projeção internacional de seriedade do Brasil.

Como discutido amplamente neste livro, muitos estudos acadêmicos tradicionalmente explicam que o Brasil não é sério porque permite que interesses privados tenham mais valor do que a aplicação da lei. Essa aparente falta de seriedade se dá porque todos os parâmetros da ideologia individualista, incorporados em um tratamento igualitário a todos perante a lei, estão vazados na prática social brasileira sob uma perspectiva relacional, que transforma o público em privado.

O famoso "jeitinho brasileiro", aplicado em 2021 para romper o limite fiscal do país, era um símbolo dessa falta de seriedade. Um "país sério" poderia se referir a uma nação que sustenta uma visão ocidental da modernidade e individualismo, um sistema em que o Estado de direito está acima das personalidades. Numa visão mais global, aplicado também ao comportamento de nações orientais, seria um país previsível, cujas regras são duradouras e seguidas, e que não muda os parâmetros de funcionamento da política e da economia aos interesses do governo da vez. O oposto do que o Brasil faz.

No noticiário internacional sobre a economia brasileira, o que se via era o aumento dos riscos à estabilidade financeira do país paralelos ao aumento da pobreza. Investidores estrangeiros, que já vinham há tempos retirando o dinheiro do Brasil, perdiam ainda mais a confiança de que contratos são garantidos no país. O dólar subia, a estabilidade caía. Quando o país não se mostrava sério e não oferecia confiança, era a sua própria população que pagava o preço de uma economia desorganizada e com cada vez mais pobreza e desigualdade.

Indo além da questão econômica, o mesmo mês de novembro de 2021 viu outro exemplo dessa falta de confiança oferecida pelo Brasil à comunidade internacional. O país até apresentou uma postura surpreendentemente sóbria e equilibrada durante os primeiros dias da Conferência das Nações Unidas para Mudanças Climáticas, a COP26, em Glasgow. Destoando do discurso negacionista e arrogante apresentado em outros encontros de líderes globais, Bolsonaro declarou, por vídeo, que o Brasil seria parte da solução para superar o desafio global das mudanças climáticas. De forma ainda mais marcante, o governo brasileiro assinou um acordo para limitar e reverter o desmatamento de florestas nas próximas décadas e um compromisso de reduzir 30% das emissões globais de metano até 2030.

Na teoria, foi uma apresentação importante do país no principal fórum global de discussão de questões ambientais. A nova postura acena para o reconhecimento da seriedade do problema do aquecimento global e para políticas que possam ajudar a mitigar as mudanças climáticas. Poderia ser um primeiro passo para o país retomar um lugar na liderança global em questões ambientais.

Na prática, entretanto, o novo discurso gerou mais dúvidas do que celebrações. Para muitos observadores brasileiros e estrangeiros, havia muito do que suspeitar na tentativa de projetar esta nova postura brasileira para o resto do mundo. O que se via na realidade era a continuação de uma política que vinha incentivando desde 2019 o aumento da destruição ambiental no país.

"A retórica verde do governo em Glasgow se choca com a inação em casa", dizia uma análise da revista *The Economist* sobre a participação brasileira na COP26. "Não confie nas promessas do Brasil", defendia o título de uma reportagem do jornal britânico *The Guardian*, citando ativistas do clima. Para eles, "o mundo deveria prestar mais atenção às políticas destrutivas do passado recente do que às vagas promessas sobre o futuro". De acordo com a rede de TV *CNN*, havia dúvida sobre a possibilidade de se acreditar no governo brasileiro. Bolsonaro, dizia, "ganhou pouca credibilidade junto aos defensores ambientais locais após desmantelar a legislação federal e as agências ambientais destinadas a combater o desmatamento e promover o aumento da mineração e extração de petróleo em territórios indígenas e terras protegidas publicamente".

O mundo está de olho em ações, não em palavras e promessas. Segundo dois pesquisadores da Universidade de Cardiff, no Reino Unido, "ver como o governo do Brasil – e Bolsonaro em particular – reverteu o progresso no combate ao desmatamento no passado nos deixa menos do que otimistas sobre sua sinceridade neste momento", escreveram George Ferns e Marcus Gomes em um artigo.

A reação mostrava que a imagem internacional do país vivia por um momento de baixa credibilidade. A perda de prestígio se dava pela mudança de postura do país nas suas relações com outras nações desde a chegada de Bolsonaro ao poder. Mais do que a retórica, entretanto, eram as ações do governo que afetam a possibilidade de confiança externa no que é prometido por Bolsonaro. O Brasil dos últimos anos sempre tenta se projetar como um grande protetor do ambiente, mas a realidade evidente é que houve um aumento gritante da destruição das florestas e outros biomas desde 2019.

A reação crítica do mercado internacional em relação ao teto de gastos e o ceticismo do mundo em relação às promessas ambientais de Bolsonaro mostram que não há mais tanta gente que acredite no Brasil. Se quiser reconstruir sua credibilidade e voltar a ser de fato um ator relevante em questões globais, o país precisa mostrar mais ações do que palavras, e atuar como se fosse de fato sério.

O FUTURO

O exemplo da oscilação do prestígio internacional do Brasil entre 2010 e 2020 deixa claro que talvez nem tudo esteja perdido enquanto o país se vê encolhido no cenário global enquanto entra em um ano fundamental para seu futuro. A percepção externa varia conforme o noticiário e a realidade nacionais. Por mais que algumas "marcas" do país estejam consolidadas na forma de estrangeiros olharem para o país, é possível ajustar o Brasil e ajudar a dar ao país uma imagem mais séria do que a que ele consolidou. E, em 2022, eleições nacionais vão determinar os rumos a serem seguidos pelo país, e vão ter uma influência fundamental na imagem internacional do país.

O panorama para a disputa política começou a se desenhar mais de um ano antes das eleições de 2022, quando o debate a respeito da imagem e do prestígio nacionais começou a se fazer presente nos discursos dos pré-candidato à presidência. A rejeição a Bolsonaro registrada desde 2018 continuava viva, e investidores e a imprensa de economia buscava um nome da "terceira via", que prometesse uma política fiscal séria e um governo mais confiável e previsível. E grande parte da atenção de voltava ao retorno do ex-presidente Lula à cena política após ter seus direitos políticos restaurados pelo STF, o que desenhou um novo cenário na disputa pelo poder no país.

Em um longo discurso em março de 2021, Lula formalizou seu papel de principal nome da oposição a Bolsonaro, levou a reações do mandatário e deu início ao que já se consolidava como principal disputa nas eleições de 2022.

Para além da cena doméstica, a volta de Lula alimentava um forte contraste nas interpretações internacionais a respeito do Brasil. Por mais que a reputação do ex-presidente tenha sido abalada por escândalos de corrupção envolvendo seu nome e seu partido, a imagem dele ainda era muito associada a um período dourado da percepção estrangeira a respeito do Brasil. Quando o país decolava impulsionado por um avanço da economia e pela valorização global das commodities na primeira década do século XXI, era a Lula que o avanço do Brasil costumava ser conectado.

O ex-presidente adotou uma política externa baseada no multilateralismo e na projeção do Brasil, na aposta em uma agenda de defesa do meio ambiente, da democracia e de um papel de mediador do Brasil. E colheu frutos de uma popularidade crescente do país no mundo. O símbolo mais claro do quanto esta postura foi bem-sucedida foi a declaração do então presidente americano

Barack Obama de que Lula era "o cara". Por mais erros e problemas que se possam apontar em relação ao governo do petista, é inegável que sua imagem está profundamente ligada ao país que era "bola da vez" no mundo.

Esse período tão positivo da imagem do país no exterior ganhava destaque novamente por conta do contraste na reputação do Brasil no mundo desde que Bolsonaro chegou ao poder. Com uma política externa oposta à de Lula, isolacionista, alinhado aos Estados Unidos de Trump e apostando em confrontos, Bolsonaro deixou de lado a liderança ambiental e a postura multilateral do Brasil. O país viu seu prestígio internacional encolher rapidamente, e já é visto mesmo como ameaça à saúde global por conta dos erros na condução do combate à pandemia de Covid-19.

Estudos sobre imagens internacionais de países tradicionalmente indicam que questões efêmeras do país, como governos, não costumam ter efeito drástico sobre a forma como o resto do mundo vê determinada nação. Qualquer que seja a sua política, um único presidente dificilmente consegue mudar a imagem do Brasil como paraíso tropical, país do futebol e do carnaval, por exemplo.

Ainda assim, as pesquisas que medem opiniões globais mostram efeitos bem claros de governos e líderes na interpretação de estrangeiros. A eleição de Obama nos Estados Unidos em 2008, por exemplo, gerou uma grande boa vontade global com os Estados Unidos, enquanto a ascensão de Trump em seguida teve efeito contrário, com piora da imagem dos Estados Unidos no mundo. Lideranças políticas funcionam como influencers, "garotos-propaganda" de seus países em um mercado global – podendo ajudar ou dificultar as ações da nação no mundo.

No caso do Brasil, essa oscilação ligada a líderes é evidente. Até mesmo enquanto Lula era julgado e preso por corrupção, muitos representantes da comunidade e política externa dos países mais poderosos do mundo continuavam associando seu nome à emergência do país nos anos 2000. O ex-presidente era chamado de "cheerleader" do Brasil durante a sua ascensão global. Bolsonaro, por outro lado, se via ligado a um país que caminhava para se tornar um pária mundial. Seu governo criou uma das piores imagens que o país já teve no planeta, e sua política externa tem deixado o país isolado.

No momento em que o "animador de torcidas" voltou à cena, o contraste com a perda de prestígio do país se tornava mais evidente. Independentemente das políticas e ideologias de fato adotadas pelos dois governos, da popularidade de um ou outro entre cidadãos e eleitores brasileiros, ou da avaliação que o mercado internacional fazia da movimentação política nacional, o fundamental é perceber o papel de influenciador de um presidente sobre o prestígio do país no mundo. Além dos seguidores que conquista no país, o presidente também precisa atuar para que sua imagem ajude a promover o prestígio do Brasil.

Este panorama de contrastes se consolidou ao longo de 2021. Em outubro, um ano antes de os brasileiros irem às urnas para escolher um novo governante para o país, os dois principais candidatos levavam suas campanhas ao resto do mundo. Tanto Bolsonaro quanto Lula trabalhavam para se apresentar internacionalmente em busca de apoios para uma campanha polarizada.

Como já se previa na imagem externa dos dois líderes, a avaliação geral sobre o embate entre candidatos brasileiros no exterior era que Lula se saiu melhor.

Ele foi recebido pelo presidente da França, Emmanuel Macron, com protocolo reservado a chefes de Estado. Se encontrou ainda com Olaf Scholz, primeiro-ministro designado da Alemanha, além de ter feito um discurso muito aplaudido no Parlamento Europeu. Candidato líder nas pesquisas de intenção de voto para 2022, Lula promoveu uma imagem internacional próxima da que o Brasil havia desenvolvido no fim do seu segundo mandato, falando do potencial do país, da necessidade da democracia e de uma relação saudável com o resto do mundo.

Bolsonaro, por outro lado, embarcou para o Oriente Médio e durante uma semana passou por Dubai, nos Emirados Árabes Unidos; Manama, no Bahrein; e Doha, no Catar. Depois de viagens polêmicas pela Europa, quando ficou isolado em encontro de líderes globais, foi alvo de protestos na Itália e mentiu sobre dados do desmatamento do Brasil em apresentação gravada à Conferência do Clima, foi uma viagem sem grande apelo político. O tour incluiu encontros com líderes de países sem tanta importância global, em que a democracia não tem muito espaço, e que mesmo o potencial comercial consegue trazer boas notícias ao Brasil.

Apesar de o público estrangeiro não ter voz na definição da eleição brasileira, a movimentação dos dois candidatos é importante e deixou claras as bandeiras que seriam levantadas na eleição. A campanha global servia para que Lula e Bolsonaro mostrassem ao eleitor brasileiro quais eram suas alianças e como isso consolidaria o projeto político de quem vencesse a eleição.

Lula tentava se mostrar como o líder capaz de trazer de volta o prestígio internacional do Brasil no Ocidente, com reforço a parcerias históricas. Mais do que isso, tentava formar alianças para reduzir a força de qualquer tentativa de ameaçar a democracia brasileira, buscando uma posição crítica de potências internacionais contra aventuras golpistas no país.

Já Bolsonaro tentava fortalecer seu laço de parceiros políticos que não valorizam tanto a democracia, mas que se apoiam mutuamente para defender a soberania e garantir a sobrevivência de governos autoritários. Era nítida a relação do russo Vladimir Putin com alguns dos principais ditadores do mundo, e Hungria e Polônia são alguns dos países que mantêm viva a chama de um movimento conservador global que era representado por Trump até 2020. Esta movimentação tinha um potencial reduzido de trazer benefícios econômicos e políticos para o país, e parecia servir mais como aceno a um eleitorado mais radical e fiel ao bolsonarismo.

Este é o cenário desenhado enquanto este livro é concluído, em maio de 2022. Os desafios para a imagem, o prestígio, o status do Brasil no mundo estão apresentados e vão evoluir conforme o desenrolar dos fatos políticos nacionais. O Brasil tem a chance de repensar seu projeto de relação com outras nações do planeta, o que teria o potencial de melhorar a vida da sua própria população. Qualquer candidato que vença terá a chance de melhorar a forma como o Brasil é visto no mundo, e mesmo com todas as críticas aos problemas criados pelo governo Bolsonaro, mesmo numa eventual reeleição do presidente, o debate sobre a posição do Brasil no exterior pode alimentar uma correção de rumos.

Independentemente da escolha dos eleitores brasileiros, o mais importante é que a manutenção da democracia em eleições limpas e confiáveis é fundamental para que o país consiga se direcionar em um rumo que possa recuperar a reputação nacional e tentar mudar a imagem nacional para fazer o mundo ver o Brasil como um país sério.

Este livro foi composto em Source Serif e Visby
para a Pioneira Editorial Ltda. em maio de 2022.